燃气行业从业人员专业培训教材

压缩天然气场站运行

杜 彦 姚子强 主 编

中国环境出版集团 · 北京

图书在版编目（CIP）数据

压缩天然气场站运行/杜彦，姚子强主编．—北京：中国环境出版集团，2024.1

燃气行业从业人员专业培训教材

ISBN 978-7-5111-5550-4

Ⅰ．①压…　Ⅱ．①杜…②姚…　Ⅲ．①天然气—配气站—技术培训—教材　Ⅳ．①U491.8

中国国家版本馆 CIP 数据核字（2023）第 116337 号

出 版 人　武德凯
责任编辑　易　萌
封面设计　彭　杉

出版发行　中国环境出版集团
（100062　北京市东城区广渠门内大街 16 号）
网　　址：http：//www.cesp.com.cn
电子邮箱：bjgl@cesp.com.cn
联系电话：010-67112765（编辑管理部）
010-67112739（第三分社）
发行热线：010-67125803，010-67113405（传真）

印　　刷　玖龙（天津）印刷有限公司
经　　销　各地新华书店
版　　次　2024 年 1 月第 1 版
印　　次　2024 年 1 月第 1 次印刷
开　　本　880×1230　1/32
印　　张　6.25
字　　数　244 千字
定　　价　22.50 元

"燃气行业从业人员专业培训教材"
编 委 会

主　任： 刘庆堂

副主任： 牟培超　刘晓鹏　甘信广

主　审： 张培新　宋克农　张少瑜

编　委： 杜　彦　张丽娜　贾文杰　甘胜滕　黄梅丹
于　彬　孟祥军　屠晓斌　李新强　李传光
周连余　沈　颖　姚子强

《压缩天然气场站运行》
编 委 会

主　　编： 杜　彦　姚子强

副 主 编： 宋克农　董国亮

参编人员： 张　伟　王　洋　张成虎　陈晓明　张丽娜
张培新　王翰超

序　言

燃气是重要的清洁能源之一，在一次能源结构中的占比快速提高。城镇燃气安全稳定供应，事关能源结构调整、清洁能源高效利用、改善和保障民生、社会和谐稳定，意义重大。中共中央、国务院高度重视燃气安全。燃气安全事故一旦发生，给人民群众生命财产安全造成损失。国务院颁布的《城镇燃气管理条例》第十五条规定“企业的主要负责人、安全生产管理人员以及运行、维护和抢修人员经专业培训并考核合格”，第二十七条中规定“单位燃气用户还应当建立健全安全管理制度，加强对操作维护人员燃气安全知识和操作技能的培训”。从事燃气行业或使用燃气，熟悉燃气知识、掌握燃气专业技能是科学利用燃气的关键。

保障燃气设备平稳运行，关键在人才队伍建设。2022 年 5 月 1 日起施行的《中华人民共和国职业教育法》，第二十四条规定“企业应当按照国家有关规定实行培训上岗制度。企业招用的从事技术工种的劳动者，上岗前必须进行安全生产教育和技术培训；招用的从事涉及公共安全、人身健康、生命财产安全等特定职业（工种）的劳动者，必须经过培训并依法取得职业资格或者特种作业资格”。为更好地适应这一需要，我们组织高等职业院校骨干教师和行业管理专家编写了“燃气行业从业人员专业培训教材”系列丛书。

“燃气行业从业人员专业培训教材”系列丛书针对燃气行业基本工种，包括《燃气通用知识与专业知识》《燃气相关法律法规与经营企业管理》《燃气管网运行》《压缩天然气场站运行》《液化天然气储运》《液化石油气库站运行》《燃气用户安装检修》《燃气输配场站运行》《汽车加气站操作》，突出通识性、适用性、实用性、时效性，总结提炼典型经验做法，实现理论知识和专业技能的融合。既适用于从业人员上岗培训、待业人员就业培训，也适用于职业技能鉴定机构组织培训。对职业院校师生、燃气行业技术使用者也有较高的参考价值。这套教材的出版，一定能够为广大燃气行业从业人员提供有益的帮助，为燃气知识的学习、技术技能的提高起到积极的推动作用。

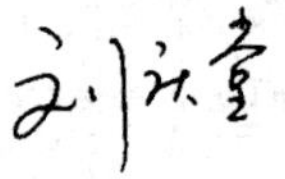

前　　言

为加快燃气行业高技能人才队伍建设，推动行业全面发展，促进行业转型升级和高质量发展，我们邀请了多位知名专家和学者，通过对燃气行业现场经验的总结以及对燃气工程项目的实地考察，建立了一套科学的行业工程理论体系，结合实践经验和理论知识，参考有关国家标准及行业标准，共同编写了“燃气行业从业人员专业培训教材”系列丛书。为燃气行业技能人才培养提供服务，以提升从业人员的职业技能水平，进一步提高工程质量和安全生产水平。

本书是“燃气行业从业人员专业培训教材”之一，全书共八章，内容包括压缩天然气基础知识、压缩天然气场站工艺流程、压缩天然气场站设备运行操作、压缩天然气场站设备维护保养、压缩天然气场站自控系统、压缩天然气场站电气、压缩天然气场站安全生产管理和消防知识、压缩天然气场站风险辨识和应急处置措施等内容，由山东城市建设职业学院杜彦、威海哈威建筑工程技术有限公司姚子强担任主编，山东城市建设职业学院宋克农、中石油昆仑燃气有限公司董国亮任副主编。第一章由山东一通工程技术服务有限公司陈晓明编写；第二章由山东一通工程技术服务有限公司张伟、山东城市建设职业学院宋克农编写；第三章、第四章由中石油昆仑燃气有限公司董国亮编写；第五章由山东省城乡规划设计研究院有限公司张承虎编写；第六章由威海哈威建筑工程技术有限公司姚子强编写；第七章第二节由山东建筑大学设计集团有限公司王洋编写；其余章节由杜彦编写。

本书在编写时参考了大量文献资料，对本书的各位编委和参与调研的专家、学者表示衷心感谢。因时间仓促、经验不足，书中的疏漏和不妥之处在所难免，恳请专家和广大读者批评指正。

编者

目　　录

第一章

压缩天然气基础知识

第一节　压缩天然气产业链

一、天然气全产业链

1. 天然气分类及来源

燃气根据生成原因可分为天然气、人工燃气和液化石油气三大类。其中天然气是自然生成的；人工燃气是由其他能源（如煤炭、重油）转化而成，或是生产工艺的副产品；液化石油气是原油加工过程中的副产气。

1）天然气又可分为常规天然气和非常规天然气。常规天然气包括气田气、石油伴生气、凝析气田气等，非常规天然气包括页岩气、天然气水合物和煤层气等。常规天然气和非常规天然气经过净化处理后，主要成分都是甲烷。以下为几种天然气的简单介绍。

气田气在地层中均呈气相，主要成分为甲烷，体积分数为80%～90%。石油伴生气与石油共生，随石油一起开采出来，一般每吨原油含20～500 m^3 天然气。凝析气田气在地层中为气态，开采到一定阶段，随储集层压力的减小，部分烃类在储集层和井筒内呈液态析出，甲烷含量为 75%左右。

页岩气是赋存于富有机质且具有低孔隙度、低渗透率物性特征的页岩及其夹层中，以吸附和游离状态为主要存在方式的非常规天然气，气质与常规天然气无异。天然气水合物是分布于深海沉积物或陆域的永久冻土中，由天然气与水在高压低温条件下形成的类冰状结晶物质，因其外形与冰相似，有明火接近即可燃烧，故称为可燃冰。天然气水合物轻于水、重于液烃，相对密度为 0.96～0.98，是一种半稳定固体混合物，在大气环境下很快分解。1 m^3 可燃冰在常温常压下可释放出 164～180 m^3 的天然气及 0.8 m^3 的水。煤层气是一种以吸附状态为主，生成并储存在煤系地层中的非常规天然气。地面抽采的煤层气甲烷含量一般大于 96%；随采煤过程产出的煤层气混有较多空气，俗称煤矿瓦斯或矿井气，一般将煤层气中甲烷含量调整到 40%左右后再利用。

2）人工燃气主要是指那些通过能源转换技术，将煤炭或重油转换而成的煤制气、合成天然气和油制气。

煤制气又可分为干馏煤气和汽化煤气。干馏煤气是指固体燃料隔绝空气受热，分解产生的可燃气体，包括以制气为主的炭化炉煤气和炼焦副产品——焦炉煤气。汽化煤气是指固体燃料在高温下与汽化剂（空气、氧气、水蒸气等）作用，将固体燃料完全转换为气体燃料，发生炉煤气是以空气作为汽化剂，水煤气是以水蒸气为汽化剂。

合成天然气（Synthetic Natural Gas，SNG），有些文献中也称其为替代天然气（Substitute Natural Gas，SNG），有一种工艺过程是在多功能催化剂作用下，煤和汽化介质（水蒸气、氢气、一氧化碳）在一个加压流化床反应器内同时通过煤汽化、变换和甲烷化 3 个反应过程，生成含高浓度甲烷的燃气。在实践中，往往把煤地下汽化（亦称为地下采煤，Underground Coal Gasification，UCG）也作为煤制气的一种，煤地下汽化就是将处于地下的煤进行有控制的燃烧，通过煤的热作用及化学作用产生可燃气体的过程，它集建井、采煤、汽化三大工艺为一体，变传统物理采煤为化学采煤。

油制气是指将原料重油或石脑油放入工业炉内，经压力、温度及催化剂作用，所生成的可燃气体，根据工艺的不同主要分为热裂解气和催化裂解气。

3）液化石油气（LPG）与人工燃气一样，也属于二次能源。我国目前的液化石油气主要是炼油厂的副产气，而进口的液化石油气主要是按一定比例将丙烷（或丙烯）和丁烷（或丁烯）混合而成的。炼铁过程副产品高炉煤气和炼钢过程副产品转炉煤气也可归入人工燃气类。

二甲醚又称甲醚（DME）。二甲醚在常压下是一种无色气体或压缩液体，具有轻微醚香味。作为民用燃料气，其储运、燃烧安全性、预混气热值和理论燃烧温度等性能指标均优于液化石油气，可作为城市管道煤气的调峰气、液化石油气掺混气。由于石油资源短缺、煤炭资源丰富及人们环保意识的增强，二甲醚作为由煤转化而成的清洁燃料受到人们的重视。

另外，沼气也可归入人工燃气类，这是因为实际应用中的沼气，是人们利用生物质在厌氧条件下通过微生物分解代谢的生物化学过程，形成的以甲烷和二氧化碳为主的可燃性混合气体。

2. 中国天然气全产业链

中国天然气全产业链包括上游气源、中游储运和下游分销，涉及天然气的产、贸、运、储、销各个环节。产业链上的各环节相互联系、相互依存。根据产业链上产品形态的差异可将天然气产业链分为气态天然气链条和液态天然气链条。中国天然气全产业链如图 1-1 所示。

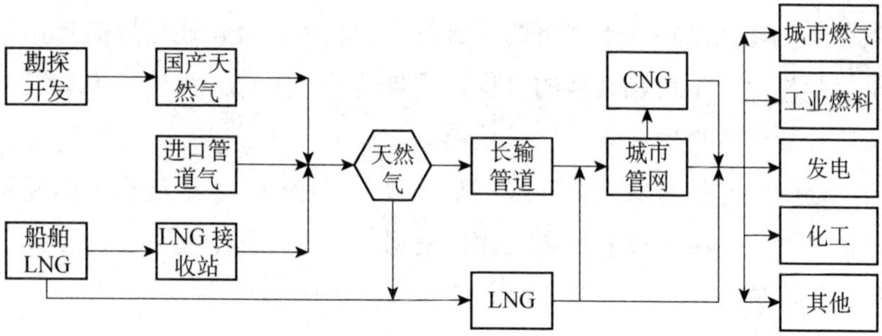

图 1-1　中国天然气全产业链

二、压缩天然气的发展过程

20 世纪 90 年代后期，随着天然气的勘探、开发，以陕甘宁天然气进北京为代表的天然气供应拉开序幕，我国城镇天然气的应用进入前所未有的发展阶段。特别是“西气东输”工程的实施及全线贯通，标志着我国城镇燃气的天然气时代已经来临。同时，随着经济的发展和城市基础设施建设的不断完善，燃气的应用技术日趋成熟，应用范围不断扩大。从以城镇居民用气、公共用气为主，到现在向工业、企业用气发展，城镇燃气在建筑物的采暖和制冷、交通动力、发电等方面的应用也得到了明显的突破，各城镇的燃气用气量逐年上升，气源紧张状况时有发生。另外，国际石油价格及国内燃油价格的不断攀升，以及我国水、电价格的调整，也促进了燃气的使用。

天然气是我国大力发展的城市气源，由于受气源和地理条件的限制，距离气源或输气干线较远而用气量不大的中小城市，因敷设长输管道投资较大，无法采用管输供气，因此采用了非管输供气作为过渡气源或永久气源。综上所述，我国采用的非管输供气技术主要有压缩天然气（Compressed Natural Gas，CNG）供气技术、LPG 混空气供气技术及液化天然气（LNG）供气技术。而压缩天然气供气仅经过减压过程，工艺系统简单，在众多暂时不能实现长输管道供气的中小型城镇仍在广泛的应用，可以在较短时间内实现管道供气。压缩天然气供气技术在一定条件下有着明显的优越性。

我国现行国家标准《压缩天然气供应站设计规范》（GB 51102）规定，压缩天然气是指压缩到压力不小于 10 MPa 且不大于 25 MPa 的气态天然气。通常压缩天然气场站分为压缩天然气供应站和压缩天然气汽车加气站。压缩天然气供应站又可分为压缩天然气加气站、压缩天然气储配站和压缩天然气瓶组供气站；压缩天然气汽车加气站又可分为压缩天然气常规加气站、压缩天然气加气母站和压缩天然气加气子站。

三、压缩天然气产业链

压缩天然气是气态天然气链条中的一种形式，因此同天然气全产业链一样包含上游气源、中游储运和下游分销 3 个部分。

1. 上游气源

压缩天然气上游气源较为广泛，一般情况下，天然气公司的管道天然气均可作为压缩天然气气源。随着天然气行业的快速发展，生物沼气、井口气、煤层气、煤制气等用来作为压缩天然气上游气源的形式也开始逐渐增多。未来，压缩天然气上游气源会形成以管道天然气为主、其他气源为辅的多气源格局。

压缩天然气加气站和压缩天然气加气母站作为压缩天然气产业链的上游，均是从天然气管道取气，经净化、计量、压缩后形成压缩天然气，并充装至气瓶车、气瓶或气瓶组内，实现压缩天然气车载运输。压缩天然气加气站和压缩天然气汽车加气母站生产工艺类似，一般联合建站或者共用。

2. 中游储运

压缩天然气的储存和运输均是以气态的形式进行，通常是以储气井、储气瓶组、气瓶车等形式进行储存，而运输则主要是通过汽车运输，少量通过船舶运输。但是由于车载气瓶体积较大，需承受压力较高，压缩天然气单车运输气量比较小，运输成本相对较高。因此，一般认为压缩天然气的运输形式只适合为距离气源较近、用气量较小的用户、工业企业或加气子站供应燃气。

3. 下游分销

考虑运输的经济性，输气管线多针对社会经济发展较好、人口密度较大的地区，偏远的山区、小城镇等地区因用气量不大，输气管线敷设成本较高，选用压缩天然气作为气源，是一种比较经济可行的方式。

在加气站方面，部分项目受城市土地面积和管道气的限制，加气子站起着无法替代的作用，现阶段，加气站的主要供气对象是出租车、私家车和公交车等。不过随着电动汽车的发展，许多城市以压缩天然气作为燃料的车辆有逐渐减少之势。

第二节　压缩天然气的应用

一、天然气的主要用途

天然气的主要用途是对外发热做功，其次小部分作为化工原料，一般来说，主要分为以下几种形式。

1. 城市燃气

城市燃气主要为居民和工商业服务，主要用途有做饭、采暖、供冷等。随着人们生活水平的提高及环保意识的增强，大部分城市对天然气的需求明显增加。尤其是近年来，随着部分城市“煤改气”工作的推进，城市燃气的普及率越来越高。

2. 汽车燃料

近年来，随着经济的飞速发展，城市化进程不断加快，机动车辆的数量急剧增加。机动车排放则成为空气的主要污染源之一，城市公共交通对空气污染的“贡献率”最高，尾气排放污染占空气总量的30%左右，形势十分严峻。根据取样分析对比，与燃油车相比，天然气汽车的有害排放降低约85%，综合碳排放降低约95%，减排效果显著。天然气是现阶段较为理想的替代燃料。

3. 发电

因天然气价格相比煤炭价格高，因此天然气发电一般采用冷热电或热电联产形式，大大提高了能源利用率。天然气发电因耗气量巨大，一般不太适合压缩天然气供应方式。

4. 化工原料

天然气化工利用的主要途径：

1）转化为合成气，再进一步加工制造成合成氨、甲醇、高级醇等。

2）裂解生成乙炔、炭黑。以乙炔为原料，可以合成多种化工产品，如氯乙烯、乙醛等。炭黑可作橡胶补强剂、填料，是油墨、涂料等产品的原料。

3）通过氯化、氧化、硫化、氨氧化等反应转化成各种产品，如氯化甲烷、甲醛等。天然气作为化工原料因耗气量巨大，同样不太适合压缩天然气供应方式。

二、压缩天然气的主要应用

早期，压缩天然气因压力高、运输方便的特性，主要供工商业用户使用，随着压缩天然气燃料汽车的发展，压缩天然气利用越来越充分，并成为其主要应用方向。

1. 城市燃气用压缩天然气

城市燃气用压缩天然气的生产过程是将低压的天然气压缩成高压（20～25 MPa），便于运输及储存。生产设备投资较少，运行费用、成本较低。压缩天然气供气方案的这些特性，使得能够较灵活地在靠近用气城镇的周围选择压缩天然气生产地。民用压缩天然气可以采用汽车载运气瓶组或拖挂气瓶车等方式运输至用气城镇，也可经卸气柱等工艺装置卸入站区的储存装置中。

压缩天然气储配站作为一种快速、灵活、便捷的气源，具有将压缩天然气进行卸气、加热、调压、计量、加臭并输入城镇燃气管网的功能。其相当于城镇燃气储配站，主要作用有以下几个方面：

（1）作为在管道天然气到达之前的阶段主气源

在高压输气管道无法到达或短期没有到达的地区建设城镇燃气储配站是快速实现城镇燃气管道化并节省大量建设资金的较好方案，可以达到先期进入并抢占市场的目的。虽然近年来我国的天然气事业发展很快，特别是长输管道的建设，但目前仍有很多地区，特别是一些中小型城镇在一段时期内长输管道还无法敷设到其附近，为能够在管道天然气到达之前使用上清洁、高效的天然气，建设城镇燃气储配站作为过渡阶段主气源便成为很好的一种选择。

（2）作为已有城镇天然气的季节性调峰气源或临时补充气源

虽然我国很多大中型城镇已使用天然气且近年来我国燃气事业发展很快，但随着燃气应用技术的不断扩展，城镇的燃气用气量在逐年上升，气源紧张状况也时有发生，特别是在我国北方的冬季。为解决城镇燃气使用中季节性不平衡问题或作为临时补充气源，压缩天然气储配站在一些城镇特别是我国的东北地区已经开始较多地使用。

（3）作为工业企业用气的主气源或补充气源

部分工业企业因生产工艺的特殊性，不允许停气、断气等情况的发生，压缩天然气储配站作为补充气源或第二气源，是保证不间断供气的方式之一。

2. 车用压缩天然气

天然气作为汽车燃料的使用在中国经历了以下几个阶段：第一阶段为20世纪60年代初期，我国开发了第一代天然气汽车，采用橡胶气包固定于车顶，行程只有十几公里，显得笨重又不美观；第二阶段为20世纪80年代末期，我国研制成功了第二代高压天然气汽车——压缩天然气汽车，并以极大的优势取代了气包天然气；第三阶段为20世纪90年代中期，我国开始进行压缩天然气汽车的推广工作，自1999年起，我国在北京等12个试点城市开展了“空气净化工程——清洁汽车行动”，以治理汽车尾气对环境造成的污染，其中发展压缩天然气汽车是该行动的重点之一。据不完全统计，2017年年底，我国天然气汽车保有量为608万辆，同比增加50.4万辆，增幅为9%。其中，压缩天然气汽车保有量为573万辆，同比增加41.4万辆，增幅为7.8%。

第三节　压缩天然气的特性

压缩天然气与常压天然气除密度不同外，并无本质区别。因此，想要了解压缩天然气的各种特性，应首先了解常压天然气的特性。

一、天然气的主要成分

天然气主要成分为烷烃，其中甲烷为主要成分，另有少量的乙烷、丙烷和丁烷，此外一般有硫化氢、二氧化碳、氮、水汽和少量一氧化碳及微量的稀有气体，如氦和氩等。天然气中常见的单一气体和某些常规气体在标准状态下的主要物理热力特性值详见表1-1和表1-2。一般油、气田的天然气中的甲烷含量差别非常大，我国四川气田天然气中的甲烷含量多在95%以上，而油田的伴生天然气中的甲烷含量则为70%～80%。有的甲烷含量更低，并且含有较重的烃类，如丁烷、戊烷和己烷等。天然气在送到最终用户之前，为有助于泄漏检测，还要用硫醇、四氢噻吩等给其添加气味。

二、天然气的特性

1. 相对分子质量

天然气是由多种组分组成的混合气体，无明确的分子式，也就无固定的相对分子质量。天然气的相对分子质量，是根据天然气各组分的相对分子质量和它们的体积组成，用求和法计算，通常称为视相对分子质量，简称相对分子质量。假设某气田天然气的体积组成为甲烷96%、乙烷 2%、丙烷 1%、丁烷 0.5%、戊烷 0.5%，则该天然气的相对分子质量为 $96\%\times16+2\%\times30+1\%\times44+0.5\%\times59+0.5\%\times72=17.055$。

2. 密度和相对密度

由于气体具有可压缩性，一定质量的气体在不同的温度、压力下，体积变化很大，所以天然气的密度在不同的温度、压力下不是一个恒定的值，当其他条件一定时，密度随体积的变化而变化。因此，讲到天然气的密度，一定要指明状态，即在什么温度和压力下的密度。

表 1-1 单一烃的基本性质（273.15 K、101 325 Pa）

	甲烷	乙烷	乙烯	丙烷	丙烯	正丁烷	异丁烷	丁烯	正戊烷
分子式	CH_4	C_2H_6	C_2H_4	C_3H_8	C_3H_6	C_4H_{10}	C_4H_{10}	C_4H_8	C_5H_{12}
分子量 M	16.04	30.07	28.05	44.10	42.08	58.12	58.12	56.11	72.15
摩尔容积 V_M/（m^3/kmol）	22.36	22.19	22.26	21.94	21.99	21.50	21.60	21.61	20.89
密度 ρ/（kg/m^3）	0.72	1.36	1.26	2.01	1.91	2.70	2.69	2.60	3.45
比密度 S（空气=1）	0.55	1.05	0.97	1.55	1.48	2.09	2.08	2.01	2.67
气体常数 R/（J/kg·K）	517.10	273.70	294.30	184.50	193.80	137.20	137.80	148.20	107.30
临界参数									
临界温度 Tc/K	191.05	305.45	282.95	368.85	364.75	425.95	407.15	419.59	470.35
临界压力 Tc/（MPa）	4.64	4.88	5.34	4.40	4.76	3.62	3.66	4.02	2.34
临界密度 Tc/（kg/m^3）	162.00	210.00	220.00	226.00	232.00	225.00	221.00	234.00	232.00
发热值									
高发热值 Hs/（MJ/m^3）	39.84	70.35	63.44	101.27	93.67	133.89	133.05	125.85	169.38

续表

	甲烷	乙烷	乙烯	丙烷	丙烯	正丁烷	异丁烷	丁烯	正戊烷
发热值									
低发热值 Hs/（MJ/m^3）	35.90	64.40	59.48	93.24	87.67	123.65	122.85	117.70	156.73
爆炸极限									
爆炸下限 LL（体积/%）	5.00	2.90	2.70	2.10	2.00	1.50	1.80	1.60	1.40
爆炸上限 LH（体积/%）	15.00	13.00	34.00	9.50	11.70	8.50	8.50	10.00	8.30
黏度									
动力黏度 $\mu\times10^{-6}$/（Pa·s）	10.39	8.60	9.32	7.50	7.65	6.84	6.88	8.94	6.36
运动黏度 $\upsilon\times10^{-6}$/（Pa·s）	14.50	6.41	7.46	3.81	3.99	2.53	2.56	3.43	1.85
无因次系数 C	164.00	252.00	225.00	278.00	321.00	377.00	368.00	329.00	383.00
沸点 t/°C	−161.49	−88.00	−103.68	−42.05	−47.72	−0.50	−11.72	−6.25	36.06
定压比热 cp/［KJ/（m^3·K）］	1.55	2.24	1.89	2.96	2.68	4.13	4.29	3.87	5.13
绝热指数 k	1.31	1.20	1.26	1.16	1.17	1.14	1.14	1.15	1.12
导热系数 λ/［W/（m·K）］	0.03	0.02	0.02	0.02	0.01	0.01	0.01	0.02	0.01

表 1-2 某些常规气体的基本性质（273.15 K、101 325 Pa）

	一氧化碳	氢	氮	氧	二氧化碳	硫化氢	空气	水蒸气
分子式	CO	H_2	N_2	O_2	CO_2	H_2S	—	H_2O
分子量 M	28.01	2.02	28.01	32.00	44.01	34.08	28.97	18.02
摩尔容积 V_M/（m^3/kmol）	22.40	22.43	22.40	22.39	22.26	22.18	22.40	21.63
密度 ρ/（kg/m^3）	1.25	0.09	1.25	1.43	1.98	1.54	1.29	0.83
气体常数 R/（J/kg·K）	296.63	412.66	296.66	259.59	188.74	241.45	286.87	445.36
临界参数								
临界温度 Tc/K	133.00	33.30	126.20	154.80	304.20	373.55	132.50	647.30
临界压力 Tc/MPa	3.50	1.30	3.39	5.08	7.39	8.89	3.77	22.12
临界密度 Tc/（kg/m^3）	300.86	31.02	310.91	430.09	468.19	349.00	320.07	321.70
发热值								
高发热值 Hs/（MJ/m^3）	12.64	12.75	—	—	—	25.35	—	—
低发热值 Hs/（MJ/m^3）	12.64	10.79	—	—	—	23.37	—	—

续表

	一氧化碳	氢	氮	氧	二氧化碳	硫化氢	空气	水蒸气
爆炸极限								
爆炸下限 LL（体积/%）	12.50	4.00	—	—	—	4.30	—	—
爆炸上限 LH（体积/%）	74.20	75.90	—	—	—	45.50	—	—
黏度								
动力黏度 $\mu\times10^{-6}$/（Pa·s）	16.57	8.36	16.67	19.42	14.02	11.67	17.16	8.43
运动黏度 $\upsilon\times10^{-6}$/（Pa·s）	13.30	93.00	13.30	13.60	7.09	7. 63	13.40	10.12
无因次系数 C	104.00	81.70	112.00	131.00	266.00	—	122.00	—
沸点 t/℃	−191.48	−252.75	−195.78	−182.98	−78.20①	−60. 30	−192.00	—
定压比热 cp/［KJ/（m^3·K）］	1.30	1.30	1.30	1.32	1.62	1.56	1. 31	1.49
绝热指数 k	1.40	1.41	1.40	1.40	1.30	1.32	1.40	1.34
导热系数 λ/［W/（m·K）］	0.02	0.22	0.03	0.25	0.01	0.01	0.02	0.02

注：①升华。

在石油天然气行业中，经常使用相对密度这一概念。天然气的相对密度是指在相同的压力、温度条件下，天然气的密度与标准状态下空气密度之比。天然气的相对密度和密度一样，随着组分的不同，会有些许变化。一般情况下，天然气密度为 0.75～0.8 kg/m^3，相对密度为 0.58～0.62。

3. 自燃点

在规定的条件下，可燃物质发生自燃的最低温度称为自燃点。物质的自燃点越高，越不容易燃烧。影响液体、气体可燃物自燃点的主要因素有以下几点：

1）压力：压力越高，自燃点越低。

2）氧浓度：混合气中氧浓度越高，自燃点越低。

3）催化：活性催化剂能降低自燃点，钝性催化剂能提高自燃点。

4）容器的材质和内径：器壁的不同材质有不同的催化作用；容器直径越小，自燃点越高。

5）相对密度：在各类油品中，油品相对密度越大，自燃点越低；油品相对密度越小，其闪点与燃点越低，而自燃点越高。

一般情况下，天然气在标准大气压下，自燃点温度为 482～632℃。

4. 着火温度

着火温度是指将可燃气体在空气中加热时，开始并继续燃烧的最低温度，也叫燃点或着火点。可燃物着火温度不是一个固定数值，它取决于可燃气体的压力、燃烧空间的形状与大小以及在空气中的浓度及混合程度，燃烧环境散热能力越强，着火温度将越高。

天然气的着火温度一般为 537～750℃，天然气的最小点火能量为 0.31 J，甲烷的着火温度为 540℃。

5. 热值

天然气热值为其完全燃烧（燃烧反应后生成最稳定的氧化物或单质）所发出的热量，用每千克或每立方米千焦表示，单位为 kJ/m^3。天然气热值有高热值（或总热值）和低热值（或净热值）之分。天然气自身完全燃烧后发出的热量加上燃烧生成的水蒸气又凝析成水所放出的汽化潜热的热值为高热值，水的汽化潜热为 2 256.7 kJ/kg。气体燃烧时，由于烟筒内烟道气温很高，水蒸气不会凝析成水，汽化潜热不能被利用，所以低热值就是从高热值中减去这部分汽化潜热所获得的净热值，工程中通常用的是这部分热值。

在实际工作中，常遇到燃气之间的热值换算。焦（J）、卡（cal）是常用的热量单位，其换算关系为

$$1\ \text{MJ}=1\ 000\ \text{kJ}=1\times10^6\ \text{J}$$

$$1\ 000\ \text{cal}=1\ \text{kcal}=4.186\ \text{kJ}=4\ 186\ \text{J}$$

由于天然气是混合气体，不同的组分以及组分的不同比例，都会有不同的热值，表 1-3 为几个不同产地的天然气热值。

表 1-3　几个不同产地的天然气热值　　单位：MJ/m^3

天然气种类	热值	
	高热值	低热值
大庆石油伴生气	40.403	36.442
大港石油伴生气	52.833	48.383
四川干气	48.077	43.643

6. 爆炸极限

可燃气体和空气的混合物遇明火而引起爆炸时的可燃气体浓度范围称为爆炸极限。但并非任何比例的可燃气体与空气混合都会成为

爆炸混合气体，只有在可燃气体与空气的混合气体中可燃气体的浓度达到一定范围，遇到火源才会发生爆炸，此范围是从爆炸下限的某一最小值到爆炸上限的某一最大值。在这种混合气体中，当可燃气体的含量减少到不能形成爆炸混合气体的含量时，称为可燃气体的爆炸下限；而当可燃气体含量一直增加到不能形成爆炸混合气体的含量时，称为爆炸上限。

由于天然气的组分不同，爆炸极限存在差异。通常将甲烷的爆炸极限视为天然气的爆炸极限，因此天然气的爆炸极限为 5%～15%。

产生爆炸必须同时具备以下 3 个条件：

1）存在可燃气体、液体，易燃液体的蒸汽或薄雾。

2）上述气体按一定的比例与空气或氧气相混合，形成爆炸性气体混合物，同时具有足够的量，其浓度在爆炸极限以内。

3）存在足够引燃该混合物的能量，如火花、电弧或高温。

7. 沸点和露点

（1）沸点

通常所说的沸点是指在 101.325 kPa 压力下液体沸腾时的温度。也就是说当气体温度低于沸点温度时，气体主要以液体形式存在；高于沸点温度时液态的气体将发生剧烈的汽化现象，气体将从液态转化为气态。

甲烷的沸点较低，由于天然气的主要成分是甲烷，天然气沸点为 −162.6℃，可近似为甲烷的沸点。

（2）露点

在一定压力下，随着温度的降低，气体开始凝结为液体时的温度称为露点。露点随混合气体的压力及各组分的体积分数而变化，混合气体的压力增大，露点升高。

（3）天然气水露点

天然气水露点是指在一定压力下，天然气中开始析出水时的温度

（高于此温度时无冷凝水出现）。水露点越高，越容易析出水，液态的水对管道会产生腐蚀、水堵等影响，当天然气温度低于冰点时，析出的水会结冰，造成冰堵。

（4）烃露点

烃露点是指在一定压力下，第一滴烃类液体析出时的温度（高于此温度时无冷凝现象出现）。如丙烷在 101.325 kPa 压力下的露点是 −42.07℃，但当压力增大到 0.8 MPa 时，其露点就上升为 20℃。

8. 临界参数

任何一种气体当温度低于某一数值时都可以等温压缩成液体；但当高于该温度时，无论压力增加到多大，都不能使气体液化。

可使气体压缩成液体的这个极限温度称为该气体的临界温度。当温度等于临界温度时，使气体压缩成液体所需的压力称为临界压力。此时的状态称为临界状态。气体在临界状态下的温度、压力、比体积、密度分别称为临界温度、临界压力、临界比体积和临界密度。天然气的临界参数随组成而变化，没有恒定的数值，通常要通过实验的方法才能较准确地测定。

9. 天然气水合物

天然气水合物是指分布于深海沉积物或陆地的永久冻土中，由天然气与水在高压低温条件下形成的类冰状结晶物质。因其外观像冰且遇火即可燃烧，所以又被称作可燃冰，天然气水合物是不稳定的结合物，在低压或高温的条件下，易分解为气体和水。

（1）天然气水合物的生成条件

如果碳氢化合物中的水分超过一定含量，在一定温度压力条件下，水能与液相和气相的 C_1、C_2、C_3 和 C_4 生成结晶水合物 $C_mH_n \cdot xH_2O$（甲烷，x=6～7；乙烷，x=6；丙烷及异丁烷，x=17）。

天然气水合物在聚集状态下是白色的结晶体，或带铁锈色，依据它的生成条件，一般天然气水合物类似于冰或致密的雪。

（2）天然气水合物的危害

天然气水合物一旦形成后，它与金属结合牢固，会减小管道的流通面积，产生节流，并进一步加速水合物的形成，从而造成管道、阀门和一些设备的堵塞，严重影响管道的安全运行。

（3）天然气水合物的预防

为防止天然气水合物的形成可采取以下 2 种方法：

1）降低压力、升高温度，加入可以使天然气水合物分解的反应剂。

2）脱除气体中的水分，使其水含量降低到不致形成天然气水合物的程度。

三、压缩天然气的特性

1. 环保特性

压缩天然气汽车相比汽油车、柴油车来说是清洁燃料汽车。压缩天然气汽车的排放污染大大低于以汽油、柴油为燃料的汽车，尾气中不含硫化物和铅，一氧化碳降低 80%，碳氢化合物降低 60%，氮氧化合物降低 70%。同时天然气作为燃料燃烧时产生的二氧化碳也少于其他化石燃料，能降低“温室效应”，从根本上改善环境质量。

2. 高压特性

压缩天然气是指压缩到压力不小于 10 MPa 且不大于 25 MPa 的气态天然气。通常情况下，为了在储气设施单位体积下多储存天然气，储气设施内压力一般为 20～25 MPa，高压必然伴随着高风险，因此，压缩天然气的高压特性是其最重要的特性。

3. 抗爆特性

抗爆性是指燃料在发动机中燃烧时抵抗爆震的能力，它是燃料燃烧性能的主要指标。辛烷值是指燃料抗爆震燃烧的能力，辛烷值越高，表示抗爆性越好，发动机可以采用更高的压缩比。目前使用的汽油辛烷值一般为92、95，天然气的辛烷值一般为120～130，其抗爆性要好于汽油。

4. 相对安全性

鉴于压缩天然气的高压特性，压缩天然气系统每一个部件的设计、生产、检验都必须充分考虑其安全性，像储气瓶必须是具有压力容器生产资质的厂家生产的，安全阀及相关阀门必须保证足够的承压能力。同时，天然气性质稳定、密度小、自燃温度较高，安全性相对好于汽油燃料。

5. 危险特性

天然气是一种易燃易爆的气体，与空气混合后，当其浓度为5%～15%时，遇火源即会发生燃烧或爆炸。此外，天然气与空气混合后，只要温度达到650℃，即使没有火源也会自行着火。组成天然气的气态烃本身是无毒的，但是当天然气中含有硫化氢时就会对人体有毒害作用。当天然气大量地泄漏到空气或室内达到一定浓度时，会使空气中的含氧量减少，严重时可使人窒息死亡。此外，天然气燃烧不完全时生成的一氧化碳，对人体也有毒害作用。

同时，因为压缩天然气的高压特性，操作不当或设备、管道不符合质量要求而引起的事故一旦发生，就会产生人员伤亡或巨大的经济损失。

第四节　车用压缩天然气的质量要求

一、天然气的质量指标

压缩天然气供应站通过城镇燃气管道向用户供应的天然气质量应符合现行国家标准《天然气》（GB 17820）的要求。该标准规定了天然气按高位发热量、总硫、硫化氢和二氧化碳摩尔分数分为一类和二类。天然气的质量要求见表 1-4。

表 1-4　天然气的质量要求

项目		一类	二类
高位发热量[ab] /（MJ/m^3）	≥	34.0	31.4
总硫（以硫计）[a] /（mg/m^3）	≤	20.0	100.0
硫化氢[a] /（mg/m^3）	≥	6.0	20.0
二氧化碳摩尔分数/%	≤	3.0	4.0

注：[a] 本标准中使用的标准参比条件是 101.325 kPa，20℃。
[b] 高位发热量以干基计。

二、压缩天然气的质量指标

根据现行国家标准《压缩天然气供应站设计规范》（GB 51102）规定，压缩天然气的质量应符合现行国家标准《车用压缩天然气》（GB 18047）的有关规定，现行国家标准《车用压缩天然气》（GB 18047）规定了车用压缩天然气的技术指标（表 1-5）。

表 1-5　车用压缩天然气的技术指标

项目		技术指标
高位发热量[a]/（MJ/m^3）	≥	31.4
总硫（以硫计）[a]/（mg/m^3）	≤	100
硫化氢[a]/（mg/m^3）	≤	15
二氧化碳[a] mol /（mol/%）	≤	3.0
氧气[a] mol /（mol/%）	≤	0.5
水[a]/（mg/m^3）		在汽车驾驶的特定地理区域内，在压力不大于 25 MPa 和环境温度不低于−13℃的条件下，水的质量浓度应不大于 30 mg/m^3
水露点/℃		在汽车驾驶的稳定地理区域内，在压力不大于 25 MPa 和环境温度不低于−13℃的条件下，水露点应比最低环境温度低 5℃

注：[a] 本标准中气体体积的标准参比条件是 101.325 kPa，20℃。

三、压缩天然气各参数含量的测定和仲裁试验方法

根据现行国家标准《车用压缩天然气》（GB 18047）的规定，压缩天然气高位发热量、总硫、硫化氢、二氧化碳、氧气、水含量和水露点的测定和仲裁试验方法汇总见表 1-6。

表 1-6　测定和仲裁试验方法汇总

项目	测定标准	仲裁试验方法	备注
高位发热量	GB/T 13610 GB/T 27894.3 GB/T 27894.4 GB/T 27894.5 GB/T 27894.6	GB/T 13610	计算方法按 GB/T 11062 执行

续表

项目	测定标准	仲裁试验方法	备注
总硫	GB/T 11060.4 GB/T 11060.5 GB/T 11060.7 GB/T 11060.8	GB/T 11060.4	
硫化氢	GB/T 11060.1 GB/T 11060.2 GB/T 11060.3	GB/T 11060.1	
二氧化碳	GB/T 13610 GB/T 27894.3 GB/T 27894.4 GB/T 27894.5 GB/T 27894.6	GB/T 13610	
氧气	GB/T 13610 GB/T 27894.3 GB/T 27894.4 GB/T 27894.5 GB/T 27894.6	GB/T 13610	
水含量和水露点	GB/T 17283 GB/T 18619.1 GB/T 21069 GB/T 27896	GB/T 17283	当水露点已知时，可按 GB/T 22634 将其换算到标准参比条件下的水含量

四、压缩天然气的检验

1）车用压缩天然气的取样按现行国家标准《天然气取样导则》（GB/T 13609）进行。

2）正常生产时，必须每天对产品水含量进行检验，以确保压缩天然气中不存在液态水。

3）在下列情况下，车用压缩天然气产品应按相关标准规定的技术要求进行全面检验。

①初次投入生产时；

②正常生产时，定期或积累一定产量后；

③工艺发生重大变化时；

④检验结果与上次全面检验有较大差异时。

第二章

压缩天然气场站工艺流程

第一节　压缩天然气加气母站

压缩天然气加气母站作为一种供气源，往往建于城市天然气管网的门站或主干道附近。这些地方天然气管道内的压力可达1～1.5 MPa（次高压管网），有些地方甚至达2 MPa（高压管网），它们远比城市管网中0.15～0.35 MPa（中压管网）的气体压力高。因此，在相同排气压力（25 MPa）条件下，压缩机单位气体的功耗较低，故气体价格也相对便宜。此外，城市管网中的压力系统，由于下游用气峰谷的不平衡，会造成管网运行压力的波动，对压缩机工作十分不利。

压缩天然气加气母站的供气量大都在2 000 Nm^3/h 以上，它通过运气槽罐向压缩天然气加气子站、供应站供气。

一个压缩天然气加气母站的供气量可供4～6个加气子站用气。同时加气母站也可针对汽车直接供气，尤其是大型的公交车辆，不仅有利于降低运行成本，而且供气速度快且有保障。随着城市化的迅速发展，对于那些无管网到达的居民小区，其燃料也可利用天然气加气母站的压缩天然气用槽罐定期运送。

一、工艺流程的组成

根据现行国家标准《车用压缩天然气》（GB 18047）和《汽车加油加气加氢站技术标准》（GB 50156）的规定，压缩天然气加气站的工艺流程应包括以下6个子系统。

1）调压计量系统。

2）天然气净化干燥系统（脱硫、脱水、过滤）。

3）天然气增压系统。

4）天然气存储系统。

5）运行控制系统。

6）售气充装系统。

二、工艺流程

工艺流程的变化主要根据不同的脱水方式来确定，压缩天然气站可采用2种工艺流程方案。

一种方案是，原料天然气进站后，先经过滤、计量、调压进入缓冲罐，再进入前置脱水装置进行深度脱水，使露点不高于−55℃（标准状态下露点），脱水后的天然气进入压缩机，经四级增压（如进站燃气压力较高也可采用三级压缩增压），达到25 MPa后进入储气装置或直接给车辆加气。

另一种方案是，原料天然气进站后，先经过滤、计量、调压进入缓冲罐，再进入压缩机经四级增压，达到25 MPa后进入后置高压脱水装置进行深度脱水，使露点不高于−55℃（标准状态下露点），脱水后的天然气经控制系统进入储气装置或直接给车辆加气。无论采用何种技术方案，都要根据原料天然气的组分和含水量变化情况来确定。

三、高压天然气的去向

1）如果站内有拖车及普通汽车加气，天然气直接经加气柱及加气机进入拖车上的集气管束或普通汽车上的车载储气瓶，当瓶内的压力达到20 MPa时，自动关闭充气阀门，再将站内储气瓶压力升高到25 MPa，然后自动停机。

2）如果站内无拖车加气，而仅有普通汽车加气，则可直接向汽车加气。当车载储气瓶内的压力达到20 MPa时，自动关闭充气阀门，将站内储气瓶压力升到25 MPa，然后自动停机。

3）如果站内无拖车及普通汽车加气，可将站内储气瓶压力升高到25 MPa，然后自动停机。当普通汽车进站加气时，首先使用储气瓶内的储存天然气给汽车加气，如果储气瓶内的压力过低，则启动压缩机给汽车直接加气并对站内储气瓶增压补气。

四、系统的构成及其功能

1. 调压计量系统

进站天然气管道上应设置自动紧急关断阀，采用气—电联动方式。在站内出现天然气泄漏等紧急情况时可自动切断天然气进气，保证场站运行安全。

考虑到城市管网来气压力随城市民用气量的不均匀性会产生波动，为保证压缩机进气压力平稳，压缩机尽可能在最佳设计点上工作，避免超压停机保护，城市内压缩天然气加气母站内一般设置一套调压系统。

压缩天然气加气母站用气量大，如果采用涡轮流量计，会产生较大误差，给经营者带来极大的经济损失。为避免这种情况发生，加气站应提高计量精度，采用高级孔板流量计计量，并采用单片机方式控制和计量。同时在计量系统后设阻尼器，减小压缩机吸气产生的脉动效应对计量的影响。

2. 天然气净化干燥系统（脱硫、脱水、过滤）

天然气净化干燥系统，主要包括脱硫、脱水、干燥等工序（图2-1），可分为前置处理和后置处理2种形式（脱硫应在天然气增压前进行）。严格地讲，压缩系统中每一级压缩前后的冷凝除油过程也可归于净化系统。

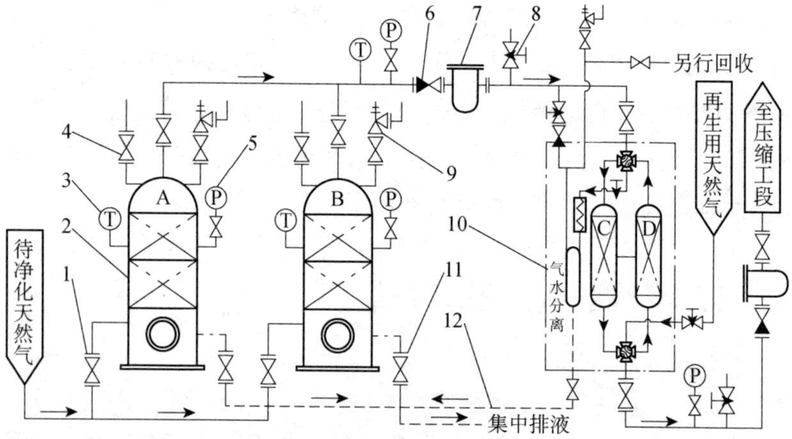

1—阀门；2—脱硫装置；3—温度计；4—放散管；5—压力表；6—止回阀；7—过滤器；8—取样阀；9—安全阀；10—脱水装置；11—排污阀；12—排污总管。

图2-1 压缩天然气加气母站脱硫脱水工艺流程

前置处理，即在压缩前对天然气的净化和干燥，目的是保护压缩机的正常运行。后置处理，即在压缩后对压缩天然气的净化和干燥，目的是保证所售天然气气质的纯净，确保天然气在发动机中燃烧良好，不会对发动机产生任何危害，也可避免可能出现的对售气系统的损害。

这2种净化干燥处理方式，既可同时应用，也可只采用其中1种。从目前国内外实际工程应用来看，基本上都采用前置处理的方式，这样不仅可以保护加气站的核心设备（压缩机不会受到腐蚀和损坏），同时天然气洁净度也有保障，对售气系统影响也较小。

在脱水装置后设置在线微量水分析仪，实时监测脱水后天然气中的水含量。二次仪表设在仪表间内，如果发现露点高于−55℃（标准状态下露点），则自动切换脱水装置。

3. 天然气增压系统

天然气增压系统是压缩天然气加气站的核心部分，主要包括进气缓冲罐和废气回收罐、压缩机组、压缩机润滑系统、压缩机和压缩天然气冷却系统、增压后天然气存储系统、运行控制系统和压缩天然气售气充装系统（图2-2）。

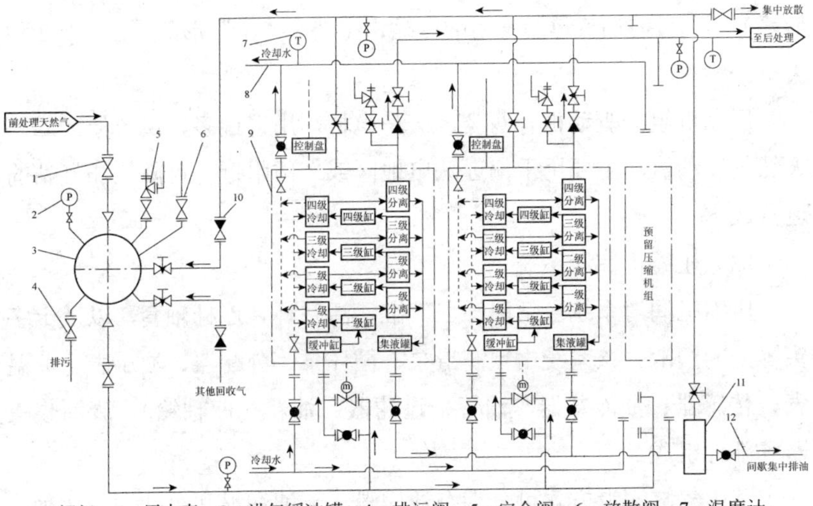

1—阀门；2—压力表；3—进气缓冲罐；4—排污阀；5—安全阀；6—放散阀；7—温度计；8—冷却水总管；9—压缩机组；10—止回阀；11—油气分离罐；12—排油总管。

图2-2　天然气增压系统工艺流程

(1) 进气缓冲罐和废气回收罐

进气缓冲罐，严格地讲应包括压缩机每一级进气缓冲，其目的是减小压缩机工作时的气流压力脉动以及由此引起的机组振动。

废气回收罐，主要是将每一级压缩后的天然气经冷却分离后随冷凝油一起排出的一部分废气、压缩机停机后滞留在系统中的天然气、各种气动阀门的回流气体等先回收起来，并通过一个调压减压阀，返回到压缩机入口（返回至压缩机进气缓冲罐）。当罐中压力超过其安全阀压力时，将自动集中排放。同时凝结分离出来的重烃油也可定期从回收罐底部排出。

（2）压缩机组

压缩机组包括压缩机和驱动机。压缩机是压缩系统以及整个加气站的心脏。不同厂商生产的压缩机结构形式不一样。由于天然气的压缩比较大，加气母站基本上都是活塞往复式压缩机。其结构形式有卧式、对称平衡式、立式、角度式（“V”形、双“V”形、“W”形、倒“T”形等）等。目前加气母站常用的压缩机主要有“V”形和“L”形2种类型。

压缩机组的驱动机有两类，一是电机，用得最多、最方便；二是天然气发动机，主要用于偏远缺电地区或气田附近，可降低加气站的运营成本。

（3）压缩机润滑系统

压缩机润滑系统包括曲轴、气缸、活塞杆、连杆轴套，以及十字头等处的润滑。该系统由预润滑泵、循环泵、分配器、油压表、油温表、传感器、油冷却器、油管、过滤器、油箱（曲轴箱）、废油收集器等部件组成。

其中气缸润滑方式可分为有油润滑、无油润滑和少油润滑3种。

1）有油润滑。

优点：①对气缸和活塞环材质要求不高；②可利用气缸润滑油带走部分摩擦热量，保证压缩机工作在可靠程度范围内；③有油润滑技术难度小，安全可靠，同时可以减少摩擦功耗。

缺点：①必须在排气口安装昂贵的油水分离器；②机组体积较大，

成本上升；③润滑系统复杂、维修工作量大；④耗油量较大；⑤从气缸带出的润滑油可能使后置处理的干燥物质污染失效。

2）无油润滑。

优点：①无须安装昂贵的油水分离器；②节省了费用和机器空间；③耗油量低；④润滑系统简化；⑤维护工作量减少。

缺点：对气缸特别是活塞环材质要求极高，成本上升。

3）少油润滑。

少油润滑的优点介于有油润滑和无油润滑之间。它是通过一个专门机构，定时定量地将润滑油供给每一个气缸。这样既能保证气缸润滑需要，又可将润滑油消耗量控制到最小。

（4）压缩机和压缩天然气冷却系统

压缩机和压缩天然气冷却系统可以分为水冷、风冷两大类。水冷又分为开式循环和闭式循环。风冷也可分为两种，一种是汽缸带有散热翅片的，多用于结构紧凑的角度式；另一种是汽缸不带散热翅片的，用于结构分散的对称平衡式。

（5）增压后天然气存储系统

目前常用的站内储气形式为槽罐和站内储气设施。

1）槽罐。将压缩天然气储存在球型或圆柱型槽罐中，槽罐水容积主要规格有2 m^3、3 m^3、4 m^3或6 m^3，一般设置3～6个罐。其优点是气体集中储存，管阀连接点较少，泄漏因素减少，具有较高的安全性。缺点是爆炸事故发生时，地面冲击波的辐射范围大、强度大等。

2）站内储气设施。将压缩天然气储存在地下站储气设施内，站内储气设施是四川石油管理局自20世纪80年代中期开始在不断实践探索的基础上，研究开发的新型储气技术。这种储气装置是在加气站一定位置开钻3～6口地下井，每口井的深度约100 m，单井水容积约为2 m^3，采用进口材质的套管和钢筋混凝土固井技术，具有安全牢固、节约土地资源以及减少地面冲击波辐射范围和强度等优点。

储气系统内储气装置分为高压、中压、低压，按照定义压力由高到低，各容积比例以1∶2∶3较好。当压缩机向储气系统充气时，应按高压、中压、低压的顺序进行，而当储气系统向汽车加气时，应按低压、中压、高压的顺序进行（图2-3）。

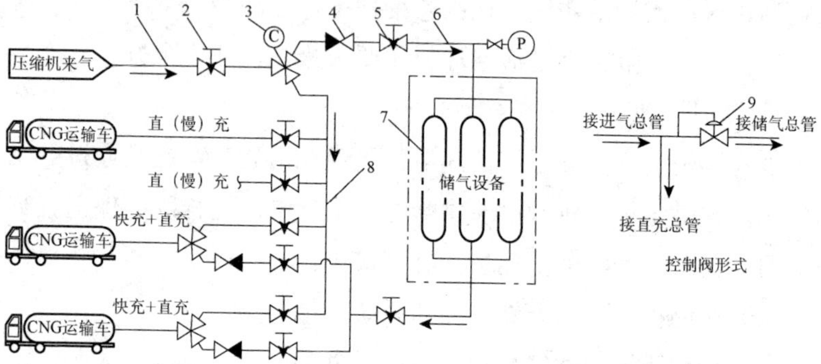

1—进气总管；2—进气总阀；3—三通阀；4—止回阀；5—储气总阀；6—储气总管；7—储气设备；8—直充总管；9—控制阀。

图2-3 储气系统工艺流程

（6）运行控制系统

完整的运行控制系统对于加气站的正常运行非常重要。一个自动化程度高、功能完善的控制系统可以极大地提高加气站的工作效率，保证加气站安全、可靠地运行。

加气站的基本控制系统可分为以下5个部分：

①电源控制；

②压缩机组运行控制；

③储气控制（含优先顺序控制）；

④净化干燥控制；

⑤系统安全控制。

这5个部分的控制一般都通过微型计算机和气动阀件来完成。

在压缩天然气加气母站内设置可燃气体报警器，监测压缩机房、低压脱水室等处天然气泄漏的浓度，同时可燃气体报警器与压缩机控制柜及进气管道电磁阀联锁，可自动切断压缩机进气。压缩天然气加气母站实行高度自动化的控制管理，以工控机及可编程控制器（Programmable Logic Controller，PLC）为核心，采用温度及压力传感器实现各级压力超压、油 / 水压低压报警和过载保护、自动记录与故障显示。

站内各级安全泄压的天然气按照泄放压力的不同，分为高压、低压两级。通过站内的泄放系统放空点集中泄放，避免因分散泄放产生安全隐患。

（7）压缩天然气售气充装系统

压缩天然气售气充装系统包括高压管路、阀门、加气枪、计量、计价以及控制部分。压缩天然气售气充装系统不仅由微型计算机控制，还具有优先顺序加气控制、环境温度补偿、过压保护、软管断裂保护等功能。

4. 工艺流程实例

压缩天然气加气母站工艺流程如图2-4所示。

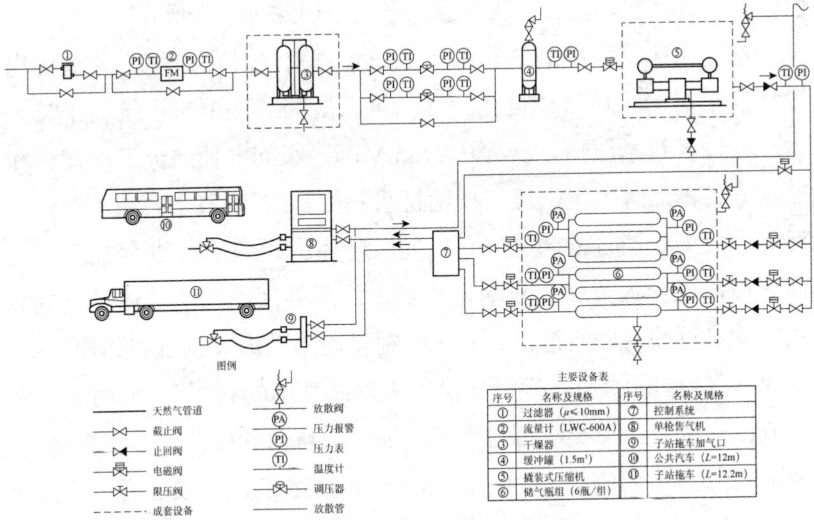

主要设备表

序号	名称及规格	序号	名称及规格
①	过滤器（$\mu \leqslant 10mm$）	⑦	控制系统
②	流量计（LWC-600A）	⑧	单枪售气机
③	干燥器	⑨	子站拖车加气口
④	缓冲罐（$1.5m^3$）	⑩	公共汽车（L=12m）
⑤	撬装式压缩机	⑪	子站拖车（L=12.2m）
⑥	储气瓶组（6瓶/组）		

图2-4　压缩天然气加气母站工艺流程

压缩天然气加气母站的基本设备与压缩天然气常规加气站（以下简称常规站）相同。终端部分有两条支路，其中一条用于充灌储运槽车罐，另一条通过售气机向汽车充气。

第二节　压缩天然气常规加气站

一、常规站典型工艺流程

常规站一般建在有天然气管网的城市，位于其管网的附近，直接从管网中吸取天然气，经压缩机压缩后输入储气设施，通过售气机给燃气汽车供气。

整个系统主要由进气计量设备、气体净化设备、气体增压设备、气体储存设备、控制设备和售气设备组成。其中脱硫设备只有来气中含硫量超标时才设置；脱水设备可以置于排气之后，属于高压脱水法，也可置于进气前，进行低压脱水（一般采用此种脱水形式）。

本套系统采用撬装式压缩机系统实现对气体的压缩，通过优先控制盘来对增压后气体进行管理。进入撬装式压缩机系统的干燥气体，经过多级增压后，压力达到25 MPa。级间气体通过风冷却器和油水分离器后进入下一级。压缩机系统的PLC 对整个系统进行信号采集、故障诊断、故障显示、优先顺序控制、顺序启动/停机等全过程管理，以无人值守全自动方式工作。压缩后的高压气体经过撬装式压缩机过滤后，通过优先顺序控制盘通向站内储气设施、加气机。站内储气设施分3组实现顺序供气来提高气体的利用率，同时配置多台双枪加气机。加气机可自动顺序加气，自动到压关闭，计量显示，并配有应急关闭阀门。为保证场站的安全运营，一般还需以下几个系统共同作业。

1）进站安全切断系统。在进站天然气管道上设置紧急切断阀，在切断阀后设置高效过滤器。

2）脱水再生系统。根据原料天然气净化处理情况，原料天然气在开采生产过程中只进行了简单的油、气、水常温分离，因此，原料天然气在工况下的饱和含水是存在的。含低压饱和水的天然气经增压至25 MPa，将形成部分游离水及工况下的饱和水；游离水及重烃经压缩机分离过滤脱除；压力为25 Mpa、温度为45℃工况下的饱和水含量仍达不到压缩天然气汽车用气露点要求，所以原料天然气必须经过脱水，脱出饱和水，进一步降低天然气露点，使之不大于−55℃（标准状态下露点），达到压缩天然气充气气质要求，也为场站正常运行提供了保证。加气站内的脱水工艺采用分子筛吸附剂。天然气脱水装置一般设置在压缩机前面（采用低压脱水），天然气进入脱水装置，脱出游离的水分和油分。干燥器填料饱和后需用天然气再生。为避免浪费，脱水装置的再生气从原料天然气中取得。

3）天然气含水分析系统。在脱水装置后设置在线微量水分析仪，实时监测成品气中的水含量，二次仪表设在控制室内，如发现露点高于−55℃（标准状态下），则必须切换至脱水装置的再生塔，工作塔则进行再生作业。脱水装置中再生塔和工作塔交替运行，以保证处理后天然气的水含量满足气质要求。

4）调压系统。常规站一般设置在城区内中压燃气管网附近，管网运行压力一般为0.15～0.35 MPa。城区中压燃气管网为区域内工业、商业及居民用户供气，各类用户的用气十分不均匀，造成管网输气量及输气压力峰谷现象非常显著，为保证压缩机能够在合理的压力范围内运行，使压缩机进气压力平稳，同时使压缩机尽可能在其最佳设计点工作，站内应设置一套调压系统。

5）全站安全监控系统。除由PLC自动控制的系统气压、油压、温度、振动及过载等涉及安全的保护外，系统设置了多点可靠的超压天然气卸放装置；同时站内按《汽车加油加气加氢站技术标准》（GB 50156）的要求布置了由PLC自动控制的可燃气体报警器及切断装置，该装置与供电系统、供气系统形成闭锁关系，可自动切断压缩机进气和供电。根据用户需要还可以将上述监控点与计算机联机构成计算机远程集中监控系统。

6）自动化控制系统。压缩天然气加气站设备处在易燃易爆、高压和重载的工作环境中运行，装置的自动化水平直接决定了系统的经济运行指标和安全运行的可靠性。因此压缩机系统实行高度自动化的控制管理，以PLC为核心，采用了电机软启动、闭式卸压无负荷启动；系统油压、电流、温度、气压自动监控；自动排污系统；多撬块运行自动授权启动；计算机控制的经济运行控制系统；PLC自动顺序供气控制系统；自动温度补偿及售气安全装置等。

7）高压管道及设备的安全泄放。压缩机系统各级安全泄压天然气在压缩机房外集中泄放；进气缓冲罐及废气回收罐的天然气在污水罐处集中泄放。

8）废气回收系统。压缩机系统各级排污泄放天然气进入废气回收罐，在废气回收罐内设置高效过滤分离装置，将排污气中所含油水分离出去，油水沉积在回收罐底部，天然气从上部进入压缩机前级进气管道，从而达到保护环境及减少浪费的效果。

9）在加气站装置配置中，还可以根据用户要求提供计算机经营管理系统，以适应用户多种模式的营销管理要求。

二、常规站加气操作系统

根据常规站对汽车加气方式可分为常规站三级操作系统、常规站单级操作系统、常规站定时加气系统和常规站直加换向系统。

1. 常规站三级操作系统

目前，最常用的就是常规站三级操作系统，其特点是将常规站的储气设施分为高压、中压和低压三级，来自压缩机的高压天然气先对三级储气设施充气，使储气设施的气体压力达到22～25 MPa。然后，通过顺序控制系统将储气瓶中的高压天然气按压力高低顺序给燃气汽车加气。常规站三级操作系统如图2-5所示，其顺序阀控制盘如图2-6所示。

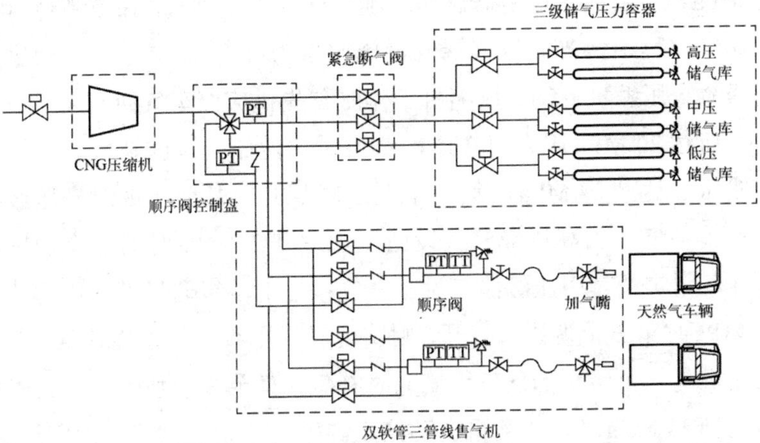

图2-5　常规站三级操作系统

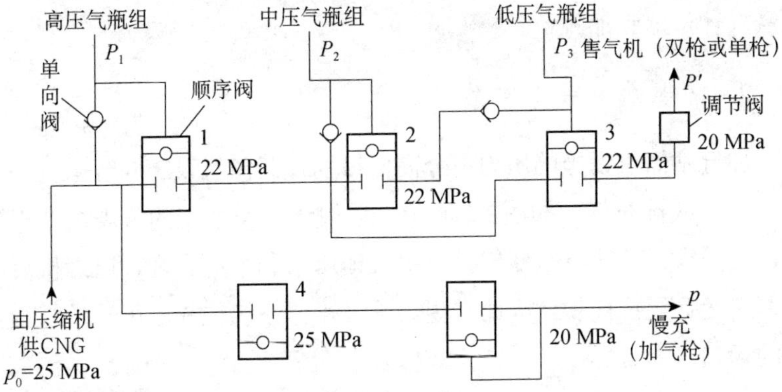

图2-6　顺序阀控制盘

具体的工作流程：常规站工作前通常将全部气瓶充满25 MPa的气体。首先由属于低压级储气设施向汽车充气，当低压级储气设施中的压力低于21 MPa时，由顺序控制器启动中压级储气设施继续向汽车充气，最后达到汽车储气瓶中压力为20 MPa时停止。下一辆汽车充气过程也是先由低压级储气设施对其充气，当低压级储气设施内压力比被充气汽车储气瓶中压力高1～2 MPa时启动中压级储气设施供气。依此类推，当中压级储气设施中气体压力小于21 MPa时，由顺序控制器启动高压级储气设施供气。在不断地对汽车加气过程中，当高压级储气设施中压力降至21 MPa时，顺序控制器命令压缩机启动。压缩机工作时首先供应汽车气瓶，以保证汽车气瓶达20 MPa压力的气体，然后对站内储气设施补气。当加气管线压力达到22 MPa时第一个调压阀打开，从而实现对高压级储气设施补气；当高压级储气设施压力达到22 MPa时第二个调压阀打开，则实现对中压级储气设施补气；当中压级储气设施压力达到22 MPa时第三个调压阀打开，则实现对低压级储气设施补气。最后压缩机向3个级别的储气设施同时补气，直至3级别的储气设施压力达到25 MPa时，压缩机自动停止。

操作系统中的最后一个设备是售气机（俗称加气机），包括气体计量、计价器和加气枪。

2. 常规站单级操作系统

加气站储气设施的压力不分高低级别，其储气设施同时供气，或不供气，或被充气，如图2-7所示。采用该操作系统的常规站结构简单，投资少。其缺点是储气设施中气体压力利用不合理，压缩机启停频繁，运行经济性差。因此常规站单级操作系统往往应用于供气量较小的场站。

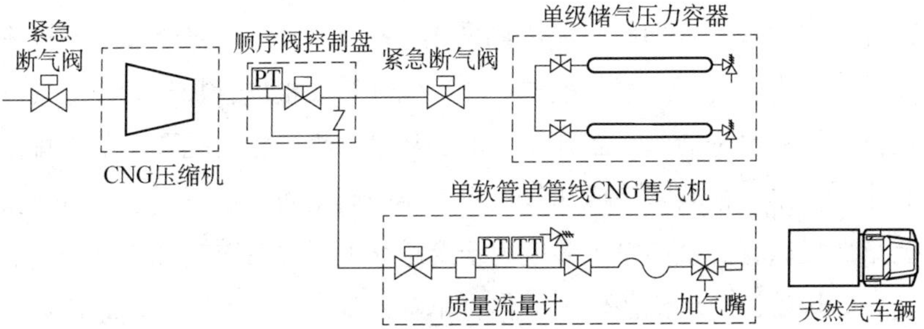

图2-7　常规站单级操作系统

3. 常规站定时加气系统

常规站定时加气系统是由压缩机直接向天然气车辆供气，所需设备数量最少，建站费用最低，并且不需要储气压力容器。加气速度由压缩机的排气量和一次所加气车辆的数量决定，加气量由时间控制。该系统一般应用于加气规律性强的场合，如给公交车辆加气。其充装系统如图2-8所示。

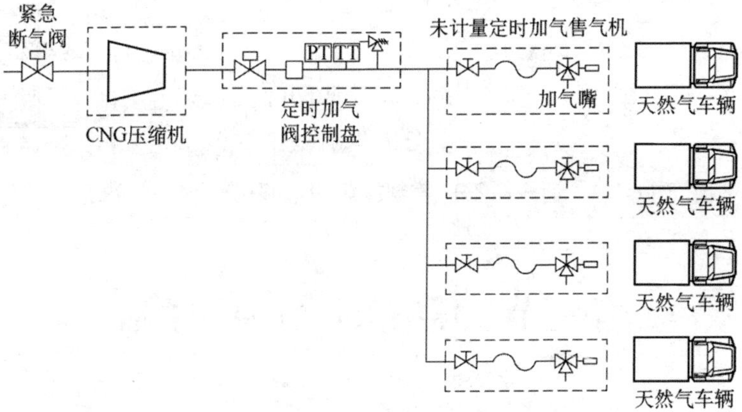

图2-8　常规站定时充装系统

4. 常规站直加换向系统

常规站直加换向系统类似于单级操作系统，但其提供了两根加气软管，中间设有换向阀，流程如图2-9所示。换向阀将全部压缩机流量引导至优先许可的第一根软管。当允许第二根软管加气时，加气过程将直接从单个储气设施开始，不必从第一根软管中抽取压缩机排出的流量。第一根软管完成加气过程，换向阀就将全部压缩机流量转换至第二根软管。换向系统多应用于给车队的天然气车辆加气（排队加气）的场站。换向阀的转换动作将车辆的加气过程互相分离，所以至少有一辆车始终与软管连接。当一辆车移动到位并与软管连接时，上一台车辆的加气过程正接近完成。因此，加气过程不会间断，压缩机连续操作，启动和停机次数较少。

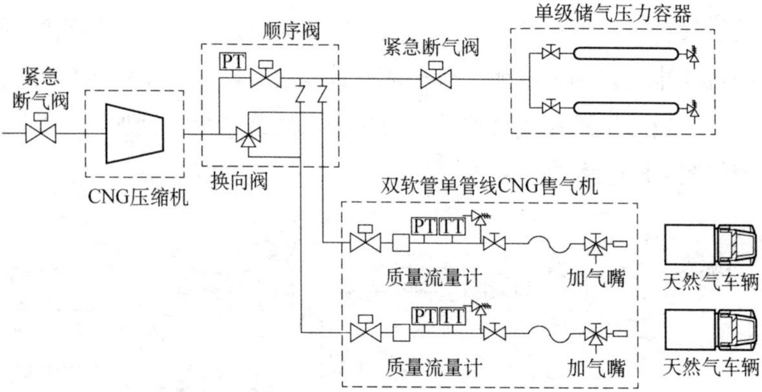

图2-9 常规站直加换向系统

第三节 压缩天然气加气子站

压缩天然气加气子站建在无气源的地方，天然气由气源处以压缩气体状态或液体状态运输。子站的作用是保证天然气按要求的压力充入汽车储气瓶中。因为运输用压力槽罐内的压力不能超过20 MPa，所以加气子站必须设增压设备。目前我国压缩天然气加气子站的增压设备有3

种：一是曲轴连杆驱动的往复活塞式压缩机，二是液压驱动的往复活塞式压缩机，三是液泵驱动的液体活塞增压设备。

一、曲轴连杆驱动的往复活塞式压缩机

压缩天然气加气子站（以下简称子站）曲轴连杆驱动的往复活塞式压缩机的功能有卸气、压缩、储存和加气等，其工艺流程如图2-10所示。

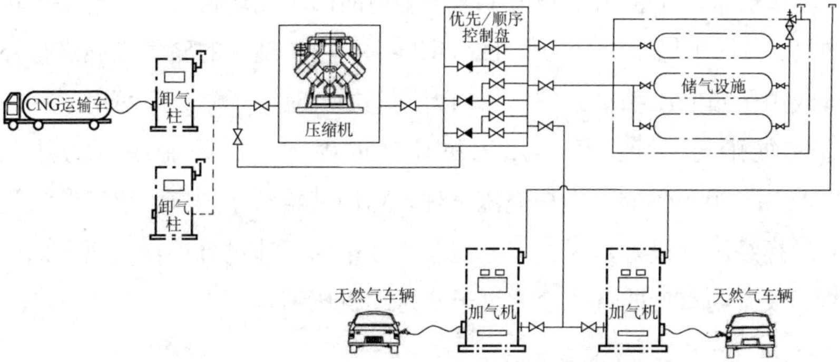

图2-10　子站曲轴连杆驱动的往复活塞式压缩机工艺流程

压缩天然气运输车辆进站并连接卸气柱后，分为三路向压缩天然气加气子站卸气或供气。第一路经优先/顺序控制盘，向储气设施中的低压级储气设备补气；第二路是在运输车内压力降低，不能补气时，用压缩机加压至储气设备内；第三路一开始就将运输车辆（压缩天然气容器）作为站内的一组“储气设备”，通过顺序控制盘，直接参与向压缩天然气汽车加气。

经压缩机加压的压缩天然气，通过储气优先控制盘，按要求储存于储气设施内。当储气设施容积较小时，储气设施可采用二级储气；容积较大时，储气设施可采用三级储气。

当需要对压缩天然气汽车加气时，加气机通过单管取气总管及取气顺序控制盘，从较低级储气设备内取气后，开始加气。当其变得小

于设定值时，由取气顺序控制盘切换至较高级别的储气设备取气，直至加气完成。当最高级别的储气设备内压力低于设定值（如22 MPa）时，启动压缩机，从压缩天然气运输车储气容器中取气并加压后直接向压缩天然气车辆加气。随之，也开始对储气设施补气。补气顺序按事先设定的储气制度，由储气优先控制盘控制执行，直至将压缩天然气运输车储气容器内的天然气取“净”（至设定最低压力），然后，压缩天然气运输车回到加压站（母站）充气。

一般情况下，用子站拖车上槽罐中的高压气体直接给天然气车辆加气。当拖车槽罐中压力低于20 MPa时，由子站上的储气设施进行补气或由子站的压缩机来供气。当无汽车加气时，子站拖车可对子站的储气瓶补气，通过子站压缩机使站内固定储气设施中压力达到25 MPa。当子站储气设施充满气体，可用其给汽车加气。该工艺流程的运行经济性最好，因大部分拖车槽罐中的气体可直接加入汽车储气瓶，仅有约40%的气体需通过子站压缩机压缩。

二、液压驱动的往复活塞式压缩机

子站液压驱动的往复活塞式压缩机工艺流程与上述工艺流程相同，仅压缩机的结构存在差异。该压缩机是由液压驱动的，无曲轴、连杆，效率较低。一般来说，该类子站供气量较小，系统重量较轻，便于搬迁移动。

三、液泵驱动的液体活塞增压设备

液泵驱动的液体活塞增压设备与上述2个增压设备系统的差别在于运气拖车上的槽罐直接作为气罐，工作时气罐由底部中间的液压装置将其一端顶起，使罐成15°倾斜，由油泵将油送入气罐低的一端，将高压气体自高的一端以20 MPa的压力对汽车充气。这种工作方式允许油充满罐中95%的容积，当油达到这一容积值时，罐中残留气体不再输出，而是用其膨胀将罐中的油推回到常压储油槽中。此类站只需要带液泵的气柱组和简单的加气机，无须另设压缩设备、储气设施和储气优先/取气顺序控制盘，工艺流程如图2-11所示。

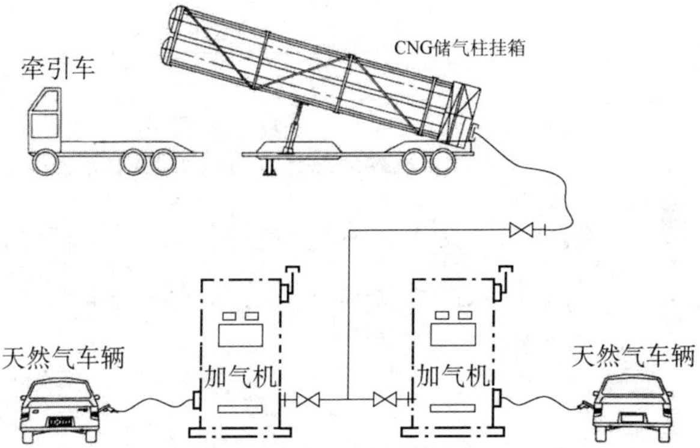

图2-11　子站液泵驱动的液体活塞增压设备工艺流程

四、液化压缩天然气加气站工艺流程

液化天然气的密度是气态的600倍，即使将气体压缩至25 MPa，在相同的储气瓶容积也仅为液态的40%左右，所以若用液化天然气，子站可储存更多的气体。

由于液化天然气吸收热量（汽化潜热）即汽化，因此在一定的容器内将因汽化而自身的体积变大并受到压缩（等容压缩），为保证增压后压力能够达到25 MPa，罐内低温液化天然气经烃泵（一般为低温柱塞泵）增压后再加热汽化。

液化压缩天然气加气站工艺流程如图2-12所示。

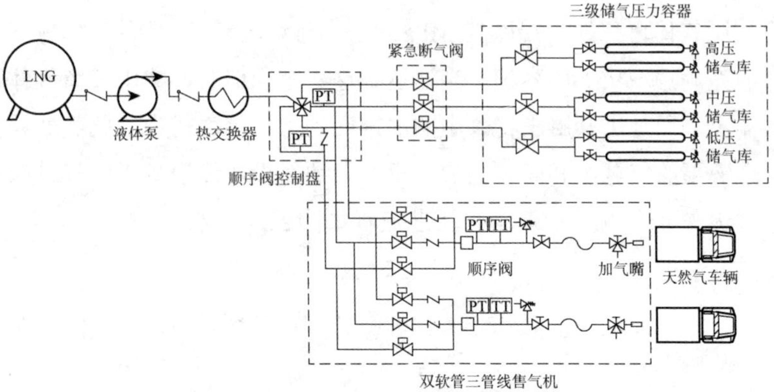

图2-12　液化压缩天然气加气站工艺流程

液化压缩天然气加气站工艺流程设备简单、投资较少，运行维修也比较方便。但是液化天然气储存容器的保温性要求较高，低温烃泵的技术难度也较大。

第四节　压缩天然气供应站

压缩天然气供应站的功能是接收压缩天然气气瓶转运车从加气母站运输来的压缩天然气，经卸气、加热、调压、储存、计量、加臭后送入城镇燃气输配管道供用户使用。对于距离燃气长输管线较远，建设天然气高压支线不经济的小城镇或距现有城镇燃气管网较远的小城镇或区域，适合采用压缩天然气供应。

一、压缩天然气储配站的工艺流程

采用压缩天然气供气的城镇，一般用气规模较小，城镇燃气输配管网多采用中低压二级系统，因此，压缩天然气气瓶转运车进入压缩天然气供应站后，需将高压天然气经过三级调压，压力降至0.2～0.4 MPa后直接进入城镇管网。当城镇较大、用气量较大或距气源较远、运距较长时，城镇需要的储气能力只依靠气瓶转运车储气瓶组及站内固定高压瓶组储气（储气量不应小于本站计算月平均日用气量的1.5倍）不能满足需求时，压缩天然气供应站可以采用二级调压，根据需要可以调到小于4.0 MPa压力出站。城镇采用三级管网系统，充分利用压力能，合理利用城镇外围高压管道储气，是经济合理的，可以节约大量投资。

由于进站的天然气需要从高压20 MPa降压至城镇燃气管网压力，压力下降较大，在气体减压膨胀过程中会伴随温度降低。温度过低则有可能对燃气管道、调压器皮膜及储罐等设备造成破坏，从而引发事故，因此对于减压幅度较大的天然气，站内分别在两级调压器前设置换热器对气体进行加热升温。为防止加热后的天然气温度过高或过低，可采用以下两种控制方式：

1）在换热器进口处设置与调压器出口温度联锁的温控阀；

2）每台换热器对应安装一台热水循环变频泵，该泵与调压器前后的温度变送器联锁，并与调压器出口压力联锁，对热水流量进行调节。

为防止调压器失效时出口压力超高，调压器前应设置快速切断阀，或选用内置切断阀的调压器。切断阀的切断压力根据调压器后设施的工作压力确定，一般应小于调压器后设施工作压力的90%或小于其最大工作压力。

压缩天然气供应站多为管道天然气来气之前的过渡气源，因此一般采用气瓶转运车储气瓶组作为储气设施进行直供。储配站的工艺设备组成：压缩天然气气瓶转运车、调压器、流量计、换热器及配套设施。当天然气无臭味或臭味不足时，还需设加臭装置。通常将调压器、流量计、换热器及配套阀门、仪表组成一个撬装体，称为压缩天然气撬装调压计量站。

二、压缩天然气供气站典型工艺流程

压缩天然气供气站典型工艺流程如图2-13所示。

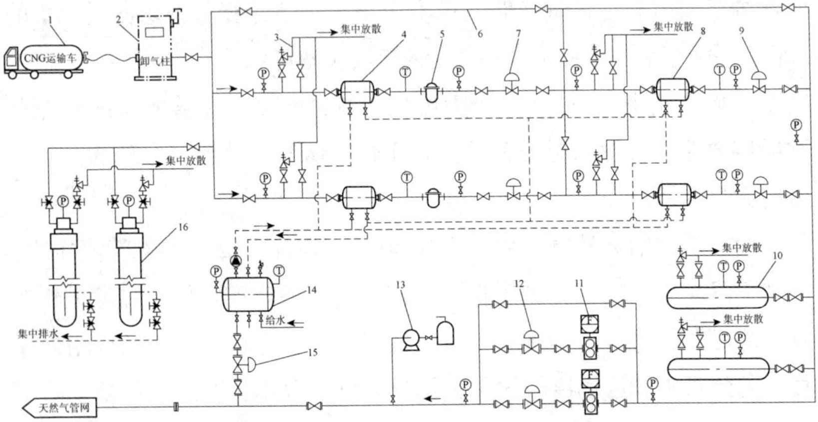

1—压缩天然气运输车；2—卸气柱；3—放散阀；4—一级加热器；5—过滤器；6—旁通管；7—一级调压器；8—二级加热器；9—二级调压器；10—次高压A级储气设施；11—流量计；12—三级调压器；13—加臭装置；14—锅炉；15—锅炉专用调压器；16—高压储气设施。

图2-13 压缩天然气供气站典型工艺流程

由压缩天然气运输车1运来的20 MPa的压缩天然气，经卸气柱2卸气并进行进站计量，大约一半的压缩天然气进入高压储气设施16中储存备用，储存压力可达10 MPa，达到该压力后关闭高压储气设施总阀。剩余的压缩天然气经一级加热器4、过滤器5后，由一级调压器7调压至4 MPa左右，再经二级加热器8，由二级调压器9调压至1.6 MPa后，分为两路。一路进入次高压A级储气设施10储存，另一路经流量计11进行出站计量，并由三级调压器12调压至0.4 MPa，由加臭装置13加臭后，出站进入用户管网（如城镇或集中用户中压A级管网）。

当压缩天然气运输车中的压缩天然气压力降到一级调压器进口最低要求压力以下时，开启旁通管6，直接进入二级调压器9前，按其后流程供气。当压缩天然气压力进一步降低到二级调压器进口最低要求压力以下时，开启二级调压管路的旁通管，直接进入三级调压器12，并与次高压A级储气设施内天然气一起，由三级调压器调压后供气。当压缩天然气压力再进一步降低至三级调压器进口最低要求压力之前，切断压缩天然气运输车供气阀门，打开高压储气设施阀门，由高压储气设施16作气源，经前述一级调压器、二级调压器、三级调压器调压后供气。当没有设置高压储气设施时，则切换至另一辆载有足够压缩天然气的运输车进行供应。空载压缩天然气运输车返回压缩天然气场站充气。

站内一级加热器、二级加热器所需热量由锅炉14提供，锅炉燃料为天然气，引自出站天然气管，并经锅炉专用调压器15调压至其燃烧器所需额定压力，也可直接用符合安全规定的电加热器，而省略锅炉系统。

工艺流程中，按需要设置安全放散装置放散阀3、压力表、温度计等，全部可由手动控制，也可设置集中控制操作台进行自动控制，此时，各相关运行参数的测量和动作信号，以及各种需操作的阀门等，均须配置为自控需要的仪表形式和可自控的阀门及设备。

第三章

压缩天然气场站设备运行操作

压缩天然气场站工艺设备运行操作主要包括过滤、调压、脱水、脱硫、压缩、储气及压缩天然气加气、卸气系统的操作，本章分别进行介绍。

第一节　过滤、调压系统设备操作

一、过滤、调压系统设备操作

过滤、调压系统设备操作主要包括过滤装置的操作和调压装置的操作，调压装置由主调压通路和备用调压通路构成。天然气经过滤计量调压后进入下游设备。

（一）过滤系统操作

过滤系统是去除燃气中杂质的重要设备，对下游流量计、调压器等设备起保护作用。在生产运行过程中，当过滤器出现堵塞时，必须对过滤器进行清洗、更换，确保过滤器处于良好的过滤状态。操作步骤如下：

1）检查工艺流程运行状态，并核实阀门编号。打开备用管路，开启进出口阀门，待压力、流量等参数显示正常后，关闭运行管路进出口阀门。

2）按照维护保养规程进行清洗或更换滤芯。

3）缓慢开启运行管路进出口阀门，待压力稳定后，使用便携式可燃气体检测仪对过滤器各连接口及压盖进行检测，确认无天然气泄漏后，关闭备用管路进出口阀门。

4）填写过滤系统操作记录。

（二）调压系统操作

如图 3-1 所示，阀门F109、阀门F112 及调压器T0101B 构成主调压通路；阀门F108、阀门F110 及调压器 T0101A 构成备用调压通路；阀门F111 控制旁通管路，手动调压。正常工作时主调压通路运行。本节以主调压通路为例，介绍调整步骤。

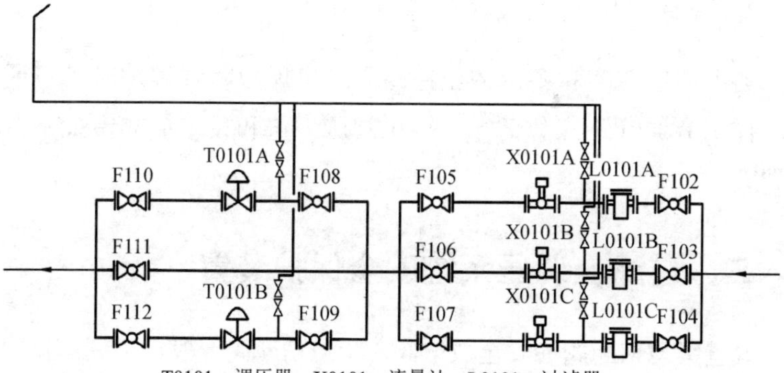

T0101—调压器；X0101—流量计；L0101—过滤器。

图3-1　调压计量装置

1. 切断阀压力设定操作

1）首先将切断阀指挥器调节螺栓调至最紧状态，调压阀指挥器调节螺栓调至最松状态。

2）缓慢开启备用管路上游阀门，保证切断阀为开启状态。

3）由松到紧旋转调压阀指挥器的调节螺栓，观察下游压力，直至压力增至切断阀设定压力，此时由紧到松旋转切断阀指挥器的调节螺栓，直至切断为止。为了确保切断阀的起跳精准度，可以重复上述过程进行二次确认。

2. 调压阀工作压力设定操作

1）保证切断阀为打开状态，工作调压阀指挥器调节螺栓调至最松状态。

2）由松到紧调节指挥器调节螺栓，直至下游压力表示数增到设定压力值为止。

3）为确保调压阀调节精度，可打开调压阀后放空管线对调压值进行动态测试。

4）将切断阀和调压阀的指挥器调节螺栓锁死，调压设定结束。

3. 填写调压系统操作记录

当主调压通路和备用调压通路同时出现故障或维护时，可通过手动控制旁通管路应急运行。调压阀压力值和设定值非审批不得随意调整。

二、过滤、调压系统安全保护装置

设置紧急切断阀和安全放散阀，紧急切断阀一般设于调压器的上游，在燃气输送过程中当燃气压力超过紧急切断阀的设定压力时自动切断管道（超压切断），以保护下游的管道及调压器。同时若下游管道出现事故，燃气大量泄漏造成管道内压力骤降时紧急切断阀也可切断管道（低压切断），避免发生更严重的事故。安全放散阀设置于每级调压器的下游，当管道压力超过开启压力时，安全放散阀自动开启，释放部分燃气，使其压力保持稳定，保护下游管道。

1）紧急切断阀与安全放散阀的设定压力可根据需要确定，可以设为当超压时先切断管道，后放散气体；反之亦可。二者的设定压力应有一定的差值，以保证出口燃气的连续、平稳。

2）当每对法兰或螺纹接头间电阻>0.03 Ω 时，应设置导电性能良好的铜绞线或铜板跨接法兰或螺纹接头两侧，将管道中的静电及时导出。导静电接触面必须除锈且连接紧密，不得涂漆，以免影响导电效果。调压装置在安装时也应考虑可靠接地。若管道系统对地电阻>100 Ω，应设两处接地引线。

3）设置测压、测温仪表。每级调压后管段应设置测压、测温仪表，用来显示工作状态是否正常。如条件允许，当加设远传显示仪表时，在控制室内即可实现远程监控调压装置的运行。

第二节　脱水装置操作

脱水装置是压缩天然气场站四大设备之一，主要采用的是低压脱水装置或高压脱水装置，低压脱水装置系硅胶与分子筛复合吸附处理方式，高压脱水装置为分子筛吸附处理方式。主要作用是避免系统冰堵，这是因为天然气的焦耳-汤姆逊效应较一般气体更为强烈，如压缩空气压力每下降 1 bar[①]，其温度降低约 0.1℃；而压缩天然气压力每下降 1 bar，其温度降低约 0.4℃，其焦耳-汤姆逊效应是压缩空气的 4 倍。场站和汽车内部管道、阀门多处存在节流小孔，极易形成大压降、大温差，导致管内气体温度骤降至零下几十摄氏度，远低于当地最低环境温度，因此，压缩天然气系统所要求的水分含量也远低于输送管网所要求的气体水分含量。根据经验，中国南方地方当气体露点温度高于−35℃，北方地区露点温度高于−45℃，东北、新疆等寒冷地

① 1bar = 0.1MPa。

区露点温度高于−55℃，管道就有可能发生冰堵现象，高压、低温状态还有可能形成水合物堵塞管道系统，导致场站不能实现正常加气，汽车无法启动和运行。

一、低压脱水装置操作

低压脱水是前置脱水。压缩天然气脱水装置几乎都采用分子筛作为脱水装置。分子筛脱水原理源于物理吸附。低压脱水装置主要包括置换操作、减压操作、吸附操作、加热操作、冷却操作、均压/待机操作、切换操作、开机操作及停机操作。低压脱水装置工艺流程如图 3-2 所示。

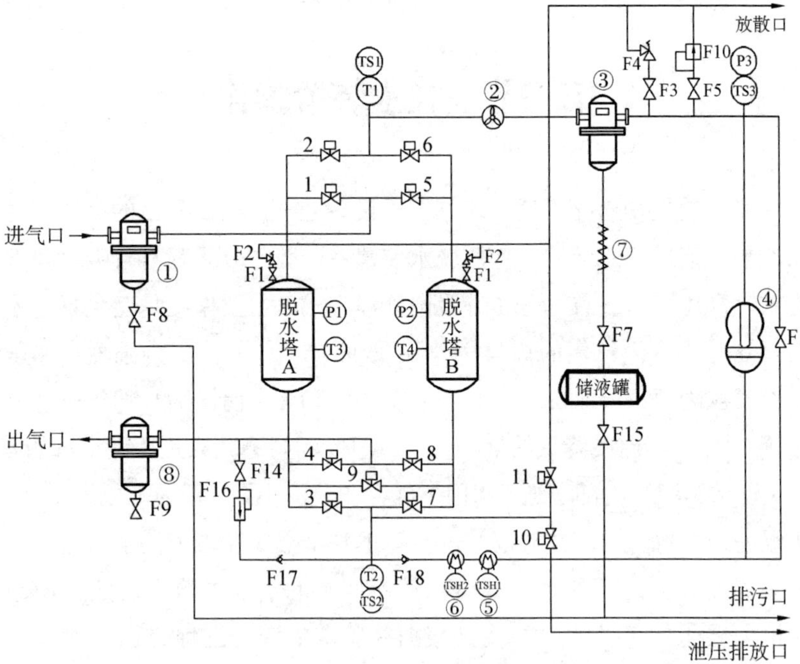

①—前置过滤器；②—风冷器；③—分离器；④—循环风机；⑤—主加热器；⑥—辅加热器；⑦—电热带；⑧—后置过滤器。

图3-2　低压脱水装置工艺流程

1. 置换操作

设备投入使用前，容器及管线内部为空气，必须进行天然气置换。

进气口接入天然气后，气动阀 2 与气动阀 6 关闭，气动阀 1、气动阀 5 和气动阀 4、气动阀 8 打开，吸附管路升压，缓慢地打开阀 F8、阀 F9 及气动阀 9，对脱水塔 A、脱水塔 B 及吸附管路置换，至放散口有天然气流出时关闭阀 F8、阀 F9，气动阀 9、气动阀 4 和气动阀 8。缓慢打开气动阀 2 与气动阀 6 及气动阀 3 与气动阀 7，此时自动式调节阀前球阀 F5 应关闭，保持脱水塔 A、脱水塔 B 压力在 0.2 MPa。开启气动阀 F7 与气动阀 F15 直至排污口有天然气排出时关闭气动阀 F15；开启气动阀 11、气动阀 10、气动阀 9，直至放散口、泄压排放口有天然气排出时再关闭气动阀 11、气动阀 10、气动阀 9。

此时，气动阀 2、气动阀 6、气动阀 3、气动阀 7 关闭，阀 F1、阀 F3、阀 F5、阀 F14、阀 F15 处于开启状态，设备的置换完成。

2. 减压操作

气动阀 1 和气动阀 4 关闭，脱水塔 B 开始吸附。气动阀 10 打开，脱水塔 A 再生气经气动阀 3，至卸压排放口。待脱水塔 A 压力下降至 0.1 MPa 时气动阀 10 关闭，气动阀 11 开启 3～5 min 后关闭，气动阀 2 打开，接通再生系统对脱水塔 A 吸附剂进行再生。

3. 吸附操作

天然气脱水装置大多是采用半连续操作，即固定床吸附来自管网的天然气经前置过滤器分离出游离态水分后，通过气动阀 5 进入脱水塔 B，经过管道式扩散器，气体在吸附床之间被均匀扩散，充分利用干燥介质，当气体流过干燥床时，水蒸气被吸附到亲水性的干燥剂表面。天然气被干燥到所要求的露点。然后，净化后的气体从吸附塔出来经气动阀 8 和后置过滤器到出气口。

4. 加热操作

循环风机与加热器开启，脱水塔 A残留的余气依靠循环风机作为动力源，通过加热器将温度提高到所要求的195℃，进入脱水塔A床层并均匀扩散，将水分从干燥剂中蒸发出来。再生废气经过冷却器冷却，冷凝液在分离器中被分离，气体再次通过循环风机，经加热器加热后导入容器。当干燥剂中的水分被逐步蒸发后，再生气体出口的温度随之升高，再生气体出口温度升至120℃时，控制器自动发出指令，加热器停止工作。

5. 冷却操作

加热器停止工作后，循环风机、风冷器、分离器继续工作，通过不断降低循环再生气体的温度，使脱水塔A内的干燥剂温度逐步降低，当再生气体出口温度降到40℃时，控制器自动发出指令，循环风机、风冷器、分离器停止工作，终止冷却过程。

冷却过程中单向阀 F17 将自动控制补气管路和成品干气阀门，通过减压阀 F16 向再生系统充压，使系统压力恒定保持在 0.05～0.1 MPa。

6. 均压/待机操作

冷却过程完成后，设备进入均压过程。气动阀2和气动阀3先关闭，然后均压气动阀9打开，开始对脱水塔A充压，当脱水塔A压力上升至脱水塔B压力时，气动阀9关闭，均压结束，脱水塔A进入待机状态。

7. 切换操作

1）本装置采用全自动控制切换方式，系统中所有阀门的动作全部自动完成，循环风机、风冷器及加热器的工作自动进行。

2）吸附时间设为12 h，再生时间设为6 h，其中加热时间约4 h，冷却时间约2 h，再生过程工作时间以达到设定温度为限。

3）再生程序启动后，加热器出口温度自动控制在180～220℃。

脱水塔再生气出口温度上升到 120～150℃时，加热器自动停止工作。系统自动执行冷却过程，随着冷却过程的进行，当脱水塔再生气出口温度降到 40～50℃时，循环风机和冷却风机自动停止工作。控制器发出信号，提示再生工作结束。

4）本装置再生阶段是以达到温度设定值结束的，因此，加热或冷却时间可能和上述说明不一致，如果偏差过大，需要分析原因，重新设定参数。

8. 开机操作

1）首先检查仪表灯系统是否正常，控制系统通电后检查各指示灯及参数是否正确。在控制柜上选择“手动”方式，打开循环风机和冷却风机，检查电机旋转方向是否正确。

循环风机联轴器旋转方向应与其指示一致，风冷器风向应从电机吹向散热器。确认正确后，重新选择“自动”方式。按“脱水塔 A”或“脱水塔 B”键，则系统按照预设的参数运行；如果用户按“停机”或“故障停机”键即 PLC 系统停机，则系统进入停机均压程序，最后停止运行。

2）装置第一次开机，在系统投入使用之前，应该使两个脱水塔分别做两次 6 h 的再生循环，保证干燥剂具有充分的活性。

3）在最初的几个循环过程中，观察温度设定参数是否合适，是否需要调整。若需要调整，可参照电气控制部分内容进行调整。若所有的设定参数都已达到要求，无须调整，装置便可完全正常地使用。

开机时，为防止再生系统和整个装置过载，每次启动循环风机时，应先全部打开阀 F6，运转 1 min 后再缓慢关闭阀 F6，使循环风机缓慢加载，避免循环风机因过载而损坏。

9. 停机操作

装置停止工作时，必须保证干燥再生已经完成，避免干燥剂再生不彻底而造成露点升高。因此，不要采用直接切断电源的方式使装置停止工作。突然断电会造成干燥剂的再生阶段无法正常完成。

正确的停机操作是先关闭吸附回路所有进出口阀门，如果再生塔再生工作没有结束，应继续让其再生，直至完成再生工作，然后关闭再生塔所有进出口阀门，最后切断电源。

所有操作完成后填写脱水系统操作记录。

二、高压脱水装置操作

高压脱水装置为后置脱水，又称为压缩机末级脱水。高压脱水装置主要包括置换操作、开机操作、切换操作、停机电加热操作、冷却分离器操作。压缩天然气高压脱水装置大多采用分子筛作为脱水剂。高压脱水装置工艺流程如图 3-3 所示。

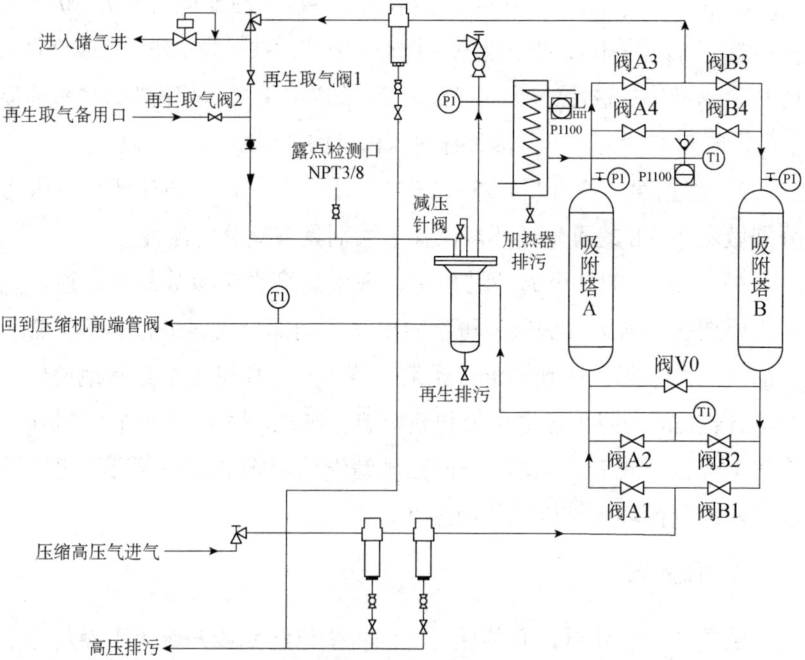

图3-3 高压脱水装置工艺流程

1. 置换操作（图 3-4）

1）置换时关闭控制柜电源，确认设备上所有阀门均为关闭状态。

2）打开安全阀下方的球阀（一旦调试完毕，此球阀必须处于开启状态。只可在安全阀进行校验时暂时关闭），保证安全阀呈工作状态，开启压力表前的压力表截止阀。打开上游气源，缓慢打开进口截止阀，手动打开阀 A1（或阀 B1）与阀 A3（或阀 B3），确认系统压力为 20～25 MPa（观察吸附塔上压力表显示的读数）。缓慢打开出口截止阀，当出口有天然气输出时关闭出口截止阀。

高压脱水装置置换操作工艺流程如图 3-4 所示。

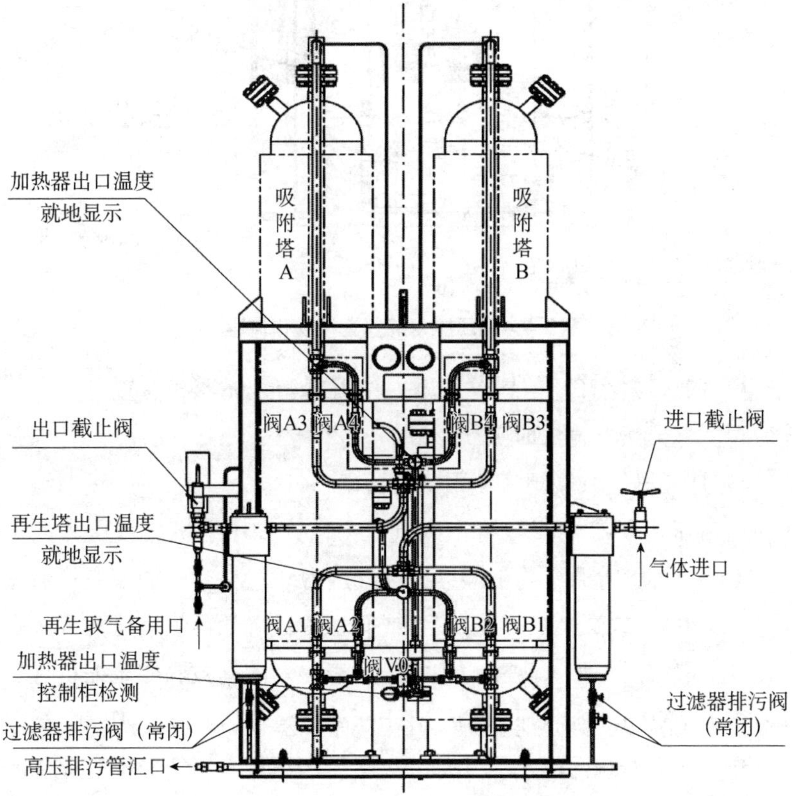

(a)

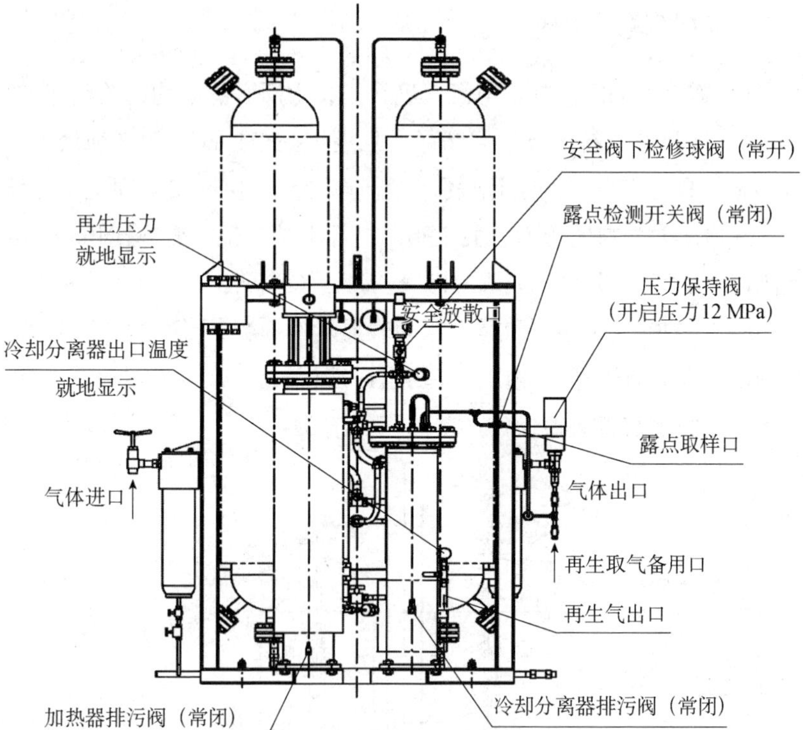

(b)

图 3-4 高压脱水装置置换操作流程

3）依次缓慢打开前置过滤器、中置精密过滤器和后置过滤器的排污阀，有天然气输出时关闭该阀。

4）打开再生取气阀（使用干燥器出口气体为再生气），调节调压针阀出口压力至参数表内再生取气压力值（如压缩机进气压力高于 1 MPa，则将压力调至高于压缩机进气压力 0.2 MPa），调节完毕后缓慢打开阀 B4（或阀 A4）、阀 B2（或阀 A2）。确认再生塔压力为参数表内再生取气压力值（观察再生塔压力表显示的读数，如压缩机进气压力高于 1 MPa，则将压力调至高于压缩机进气压力 0.2 MPa），缓慢打开冷却分离器排污阀，当冷却分离器排污口有天然气输出时关闭冷却分离器排污阀、阀 B4（或阀 A4）、阀 B2（或阀 A2）。缓慢开启阀 V0，吸附塔塔压力达到一致（观察两个吸附塔压力表显示的读数），关闭阀 A1（或阀 B1）与阀 A3（或阀 B3）。设备置换结束。

2. 开机操作

控制系统通电前需要确认以下内容：

压力保持阀设定正确［压力保持阀出厂设定为（12±2）MPa］。两吸附塔压力已升至 20～25 MPa 且压力相等，确保调压针阀后压力为参数表内再生取气压力值（或如压缩机进气母管压力高于 1 MPa，则将压力调至压缩机进气母管压力+0.2 MPa）。

3. 切换操作

设备置换结束，确认除安全阀下方球阀、调压针阀、压力表截止阀开启外，其他阀门呈关闭状态。

先设定吸附塔 A，吸附塔 B 暂不工作。此时应先开启进气截止阀，再开启阀 A1，待吸附塔 A 压力稳定后开启出口截止阀。此时吸附塔 A 进入工作状态。

吸附塔 A 吸附一段时间后分子筛吸附能力达到饱和，出口天然气露点升高。此时两塔工作状态需切换为吸附塔 A 再生，吸附塔 B 吸附（吸附周期应以压缩机的累计产量或脱水后的干气水分含量来确定倒塔再生时间）。

首先开启阀 V0 使两塔的压力相同，按顺序开启阀 B1、阀 B3，关闭阀 V0、阀 A3、阀 A1。此时吸附塔 B 进入工作状态。吸附塔 A 内分子筛需要在吸附塔 B 吸附的时间内进行再生，为下次切换做准备。

吸附塔 A 再生前因其中压力很高，需要泄压至再生工作压力。在压缩机开启时略微开启阀 A2，切记此时阀门开启不能过大，若阀门开启太大将导致压缩机进口管线安全阀起跳，造成气体损失。待吸附塔 A 塔内压力下降至比参数表内再生取气压力值或压缩机进气母管压力高于 1 MPa 时调至压缩机进气母管压力+0.2 MPa 后泄压结束。

确认泄压结束后，开启阀 A4 和加热器，此时干燥成品天然气经减压流经加热器被加热到 200～220℃后送入吸附塔 A 床层。床层被加热后，饱和分子筛中的水分被再生热气带出，床层逐步恢复干燥能力。

加热约 5.5 h（同时观测再生塔出口温度应为 105℃以上并保持 1 h 以上，如不能保持 1 h 以上，则需延长加热时间）后，关闭加热器。此时进入冷吹阶段，较冷的再生气将吸附塔 A 床层冷吹至室温。

冷吹结束后，按顺序关闭阀 A2、阀 A4，打开阀 V0 使两塔压力相同，均压结束。此时吸附塔 A 达到切换前的状态。

因吸附塔 A 、吸附塔 B 为对称布置，互相切换时只需要按上述步骤对应即可。

4. 停机操作

两塔均压时关停设备，再次开机时让已完成再生的吸附塔进行吸附。

5. 电加热器操作

设备在刚投入循环使用 1～3 次后，每次再生前，应特别注意对加热器进行一次排污。如有排出液，则每次再生前均进行排污。

6. 冷却分离器操作

冷却分离器在初次投入使用时，当再生塔出口温度达到 70℃时，应进行一次排污，然后再生塔出口温度每半小时应进行一次排污，以观察再生全过程排污情况。

冷却分离器在投入使用一次后，每次再生前，应对设备进行一次排污。在每次再生过程中，当再生塔出口温度达到 70℃时，应进行一次排污，再生结束时再进行一次排污（也可根据具体使用情况进行调整）。

所有操作完成后填写脱水系统操作记录。

三、水露点在线分析仪操作

水露点在线分析仪是监测脱水装置脱水指标的重要设备，是在线智能型分析仪表，能够自动、连续地检测出天然气中的微量水分，并计算出水露点值。水露点在线分析仪及其附属设备主要由取样系统，样气处理系统，检测分析、计算系统，信号传输及显示系统组成。

1. 开机操作

1）由于水露点在线分析仪增加了除油过滤器，输入仪表的天然气压力必须≤0.2 MPa。

2）首次使用：先将减压阀压力调到 0.1 MPa，将水露点在线分析仪测量流量计关闭，放空流量计打开，将天然气接入仪表内，保持放空流量在 300 mL/min。保持 1 h 后，再将测量流量计打开，流量调到 50 mL/min（此时显示器可能显示 PULL，属正常状态）。保持 4 h 后，将测量流量调到 200 mL/min 即可。

3）将放空流量调到 150 mL/min。

4）使用一段时间后（3～6 个月，视天然气的洁净程度而定），如探头变黄或被污染，可自行清洗涂敷水分探头，保持测量准确。

2. 停机操作

1）仪表停止使用时，先关闭电源，后关闭气源。

2）关闭电源时，先断开供电电源。

3）关闭所有流量计上的调节阀，然后切断外部气源，最后用密封螺帽将输入端、输出端封闭，以免空气或其他杂质渗入气路中。

所有操作完成后填写水露点在线分析仪操作记录。

第三节 脱硫装置操作

居民生活用天然气和工业用天然气，除含有烃类气体外还含有酸性气体，如 H_2S，这会增加对金属管道和设备的腐蚀。因此，脱除天然气中的酸性气体是天然气净化的主要任务之一。脱硫装置常见的有单塔脱硫和双塔脱硫，下面以 TL-14/0.8 型干法单塔脱硫装置（图 3-5）为例进行介绍。

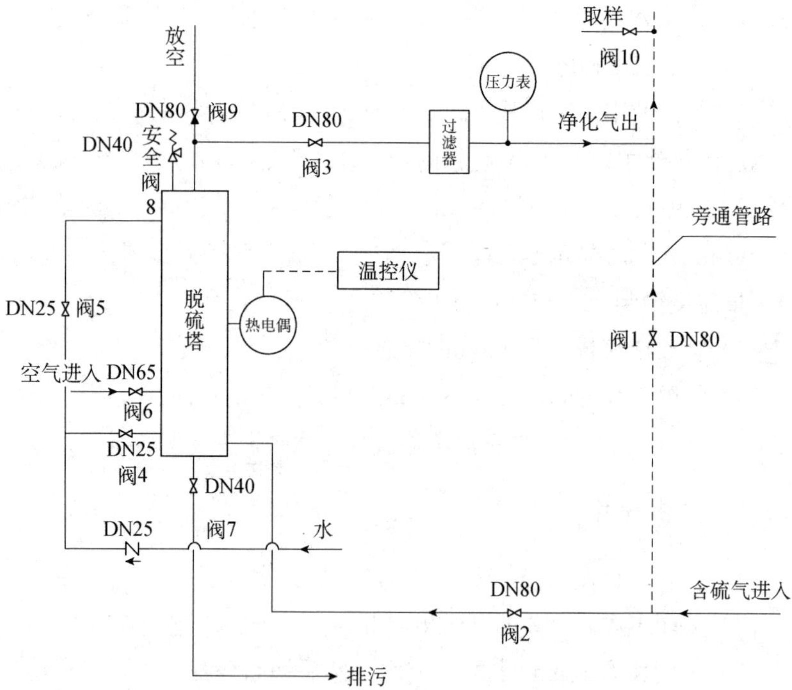

图 3-5 TL-14/0.8 型干法单塔脱硫装置

脱硫装置操作主要包括脱硫系统置换，脱硫系统开机、停机，脱硫剂的再生及更换装填等操作。

一、脱硫系统置换操作

设备安装合格后，第一次使用或脱硫剂再生、更换脱硫剂、排污等有空气进入塔体或管道情况下，使用前需用惰性气体进行置换，须把塔体和管道内的空气完全排除干净，待出口气与进口气成分相同后认为置换合格，合格后方能使用该设备。置换操作过程是直接将燃气缓慢通入脱硫塔替换出空气，此方法的特点是比较简便、经济，但具有一定的危险性。因为在置换过程中，脱硫塔里必然会产生燃气与空气的混合气体，一旦达到爆炸极限范围，如遇火源，就会发生爆炸，为此必须采取各种安全措施，严格控制。

二、脱硫系统开机操作

启用脱硫塔前，阀 4、阀 5、阀 6、阀 7、安全阀 8 处于关闭状态。

1）当原料气含硫量符合标准时，开启旁通管路阀 1，关闭脱硫塔阀 2 和阀 3。

2）当原料气含硫量超标时，关闭旁通管路阀 1，开启脱硫塔阀 2 和阀 3，启用脱硫塔装置。

3）缓慢增大脱硫塔内压力，保持脱硫塔升压速度≤0.1 MPa/min。

4）升压结束后，先进行 1～2 h 半负荷生产，以调整压力、流量等。待操作稳定后，再逐步加大负荷，转入正常生产。

5）需要取样时，打开阀 10，取样完毕后关闭阀 10。

6）脱硫塔进气压力为 0.8 MPa，安全阀 8 设定开启压力为 0.9 MPa，当进气压力超过 0.9 MPa 时，阀 9 自动开启。

7）当脱硫塔温度超过 85℃时，温控仪自动报警，此时应关闭脱硫塔阀 2 和阀 3，开启阀 5，让水进入脱硫塔内喷淋管路，进行喷淋降温，注意观察液位计显示的水位高度，通过控制阀控制水位不得高于液位计显示的极限位置，当温度降至常温后，可重新开启脱硫塔。

8）填写脱硫系统操作记录。

三、脱硫系统停机操作

1）切断原料气，依次关闭阀 2、阀 3，保持压力。

2）填写脱硫系统停机记录。

四、脱硫剂的再生操作

1）切断原料气，关闭阀 2，按每分钟 0.1 MPa 的速度，逐渐将塔内压力降低，当塔内压力降至下游系统压力时，关闭阀 3，使此塔与生产系统隔绝。

2）缓慢打开阀 9，按每分钟 0.1 MPa 的速度，逐渐将塔内压力降低至大气压。

3）缓慢打开阀 6，使空气逐渐进入脱硫塔，使脱硫剂再生，在这一过程中应控制进塔空气量使塔温低于 60℃，若塔温过高，温度报警器开始报警，需关闭进气阀，停止再生过程。

4）当塔内温度与环境温度接近时，可视为再生结束。

5）填写脱硫剂再生记录。

五、脱硫剂的更换装填操作

1）对脱硫塔内的篦子板等部件进行检查，确认无误。

2）将脱硫剂装入塔内。脱硫塔内装填一定高度的脱硫剂和玻璃球，脱硫剂的形状为圆柱状。

3）装填到一定高度放置一层不锈钢钢丝网，用瓷球压住后，再进行进一步装填。

4）装填到位后，关闭（密封）进、出料口。

5）填写脱硫剂更换装填记录。

六、硫化氢分析仪操作

硫化氢分析仪是压缩天然气加气站中天然气硫含量的重要监测设备之一。

1. 开机操作

1）首次使用：先接通电源，此时仪表显示最大，数分钟后指示逐渐下降，慢慢趋近于零。

2）将天然气输入，减压阀压力调到 0.05 MPa，将流量计打开保持流量 100 mL/min。此时仪表很快显示测量数值。

3）硫化氢分析仪使用的电化学传感器不能在有压力的状况下使用，同时电化学传感器也不宜长时间在无氧情况下使用，否则会损坏传感器。在日常的使用过程中，为延长传感器的使用寿命，同时考虑到硫化氢测量的快速性，采用间断测量是有必要的。方法很简单：无须停电，只需将标有硫化氢的流量计关闭，需要测量时打开，数分钟就可得到测量结果。可采用每天或每周定时测量，同时在硫化氢的流量计关闭时，空气中的氧会慢慢补充到传感器中，传感器恢复性能。

2. 停机操作

1）仪表停止使用时，先关闭电源，后关闭气源。

2）关闭电源：先断开供电电源。

3）关闭所有流量计上的调节阀，然后切断外部气源，最后用密封螺帽将输入端、输出端封闭，以免空气或其他杂质渗入气路中。

3. 填写硫化氢分析仪操作记录

完成操作后，按照现行国家标准的相关要求填写硫化氢分析仪器操作记录。

第四节　压缩天然气压缩系统操作

目前国内压缩天然气压缩系统常见的有天然气压缩机和压缩天然气加气子站液压系统，下面分别进行介绍。

一、天然气压缩机操作

天然气压缩机是压缩天然气场站的关键设备，国内生产天然气压缩机始于 20 世纪 80 年代末期，压缩天然气场站在用的国产压缩机主要有“V”形、“L”形、“ZW”形、“M”形、“D”形等。压缩机均由隔爆异步电动机带动曲轴，再通过连杆、十字头带动活塞在气缸中做往复直线运动进行气体压缩，冷却方式分为循环水冷却、风冷和混合冷。

（一）天然气压缩机开机前的检查

1. 主机系统检查

1）检查机组紧固件连接是否可靠，包括连杆螺栓、轴承螺栓、气缸螺栓、活塞杆螺帽、曲轴箱与机座、撬座与基础之间的连接螺栓及其他各紧固连接部位是否正确，有无松动现象。对运动部件还要着重检查各种规定的止退措施是否有效可靠。

2）人工盘车 2～4 圈，机组转运应灵活，无卡、阻、异响等不正常现象和感觉。新机组还应该检查电机与压缩机轴的同轴度。

3）开机前应单独检查电动机，检查确认电机接线的紧固情况，观察其转向是否正确，并盘动飞轮数转检查运行是否灵活，确认无障碍后方可开机。

2. 润滑油系统检查

1）检查清洗机身油池和吸油过滤网，清理干净后，向油池内加入经过滤干净的润滑油，最高油位为不碰曲轴和连杆，最低油位必须保证在油标的最低警戒线以上。

2）检查润滑系统各部位用油是否正确，油质是否清洁或变质，油量是否符合规定。较长时间停用或新机初次使用时，还应该打开机身侧盖，用油枪向十字头滑道、活塞杆等部位注入规定的润滑油。当环境温度低于 5℃时，应将机组预热或将热油注入润滑系统。

3）在强制润滑系统中，检查各注油管路是否畅通，保证使用中压缩缸等部位得到预润滑。有注油系统的压缩机，应将注油量调至正常工作范围。

4）主机启动前都必须进行机组的预润滑。

3. 循环水系统检查

1）检查压缩机冷却水循环系统所有的阀门是否处于正确位置。

2）接通水源确认水压达到规定压力。

3）打开总进水阀门（或开启循环水泵），检查水流情况，保证各支路水量分配均匀，同时检查和清除水管路的一切外漏。

4. 仪表系统检查

1）检查控制柜上各种显示、控制仪表及安全保护装置安装和接线是否正确、可靠，模拟测试各控制报警点工作是否正常。

2）检查电气系统的安装、连接是否正确、可靠，自控系统是否灵敏、可靠。

3）检查开关、按钮操作是否灵活，控制电力电缆连接点是否接触良好。

4）按使用的生产工况调节仪表控制盘各控制及停机保护参数。检查各仪表是否正常显示，各主要参数的停机设定值是否正确。

5. 工艺管路系统检查

1）确认压缩机系统前已由用户自备的进气管路仔细吹扫干净，无铁锈、焊渣等机械杂质，并且天然气应符合国家相关标准要求。

2）检查压缩机回路阀、入口阀门、出口阀门是否处于规定状态。

3）检查进气压力与压缩机工况、压缩缸工作压力是否相匹配。

4）检查分离器排污阀是否关闭、可靠，防止开机后水和其他污物进入压缩机。

完成上述工作后可以启动压缩机，第一次启动时必须有设备生产厂家人员现场进行指导。

（二）压缩机的开机运行操作

1）合上压缩机控制柜内系统总电源开关，电压正常值应为380 V±10%。

2）正常情况下，开车前打开总进水阀门（或循环水泵）和排气阀门，打开回路球阀、一级至末级排污阀。按下启动按钮，运行平稳后，打开进气阀，依次关闭各级排污阀、回路阀（注：全自动机组可自动实现阀门开启及关闭）。

3）完全打开排气出口阀门；完全打开一级入口阀门；关闭旁通阀，对压缩机组加载运行。

（三）压缩机正常停机操作

1）关闭进气阀。

2）由高压级到低压级，依次打开排污阀。

3）打开末级一回路阀，再打开一级一回路阀。

4）压缩机运行平稳后，按下停止按钮。

5）完全停止后关闭回路阀、排污阀（注：全自动机组可自动实现阀门开启及关闭）。

（四）压缩机紧急停机操作

发现下列情况之一时，需要紧急停机。

1）任意级排气压力值超过允许值，并继续升高。

2）突然停水、断油、电机某相断电或部分断电。如因断水而停机，应待机器自然冷却后再通水，不允许马上向热气缸送冷却水，否则气缸会因收缩不均而炸裂。

3）有严重的不正常响声，或发现机身、气缸有裂纹甚至断裂等异常情况。

4）电动机出现明显的故障。

5）压缩机任一部位温度升高异常。

6）危及机器或人身安全时。

（五）循环水冷却系统操作

1. 设备操作前检查

1）检查冷却塔入风口有无异物；

2）检查冷却塔内部过滤网有无堵塞；

3）检查散水槽有无堵塞。

2. 启停操作

1）所有启动、停止按钮操作时均按压 1～2 s，启动时可看到对应的“启动”绿灯点亮，停止时可看到对应的“停止”红灯点亮，表示操作正常有效，否则应进行故障检查。

2）启动冷却塔，按下冷却塔控制柜上的“启动”按钮，对应的冷却风扇开始运行，该冷却塔投入运行。

3）检查冷却水水箱水位是否在高、低水位警戒线之间。检查风扇运行状况，发现异常响动、振动大、电机电流过载等现象时，应停机检修。

4）停止冷却塔，按下冷却塔控制柜上的“停止”按钮，对应的风扇停止运行，该冷却塔进入停止状态。

5）做好循环水冷却塔启停操作记录。

二、压缩天然气加气子站液压系统操作

液压子站设备操作主要包括自控系统、液压子站拖车的操作。拖车到达子站，相应的油路、气路软管连接完成后，利用液压顶升系统将拖车储气钢瓶顶升至仰角为10°，为液压系统运行做好准备。设备启动，当压力低于设定值时，PLC控制液压撬体高压泵启动，储油罐中的液压油经过过滤，在高压泵增压后，通过溢流阀、注液控制阀、换向阀，经高压注油软管注入拖车钢瓶内，储气钢瓶中的天然气被液压油推出，经高压管线、缓冲罐、加气机给汽车加气。

（一）准备工作

1）半挂车进入装卸区，应将其静电接地线提起。

2）将半挂车停放在装卸站指定的安全作业地点。

3）半挂车停到指定位置后，用挡块双向固定好拖车（图3-6）。然后放置拖车的主支撑腿垫木，摇下拖车辅助支撑腿置于垫木上，使牵引车离开。

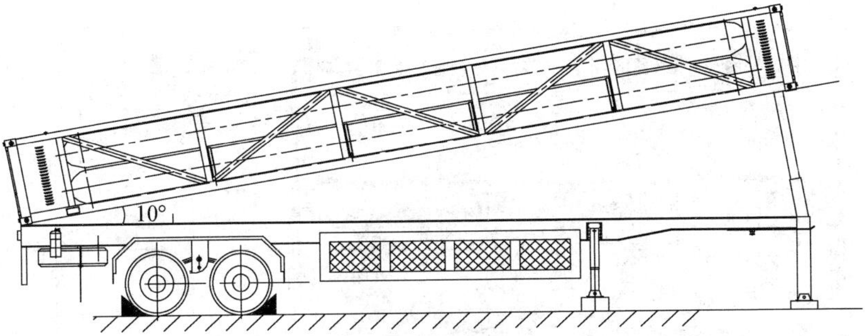

图3-6　液压拖车

4）将卸气点的静电接地线与半挂车操作仓内的导静电片连接。

5）车辆停好后，一并采取警示措施，如设置隔离桩等，防止无关人员进入，避免造成伤害事故。

6）确认制动有效后，打开拖车操作仓（后仓）门，此时拖车自动刹车装置启动。

（二）液压卸气操作

操作仓充卸管路如图3-7所示。

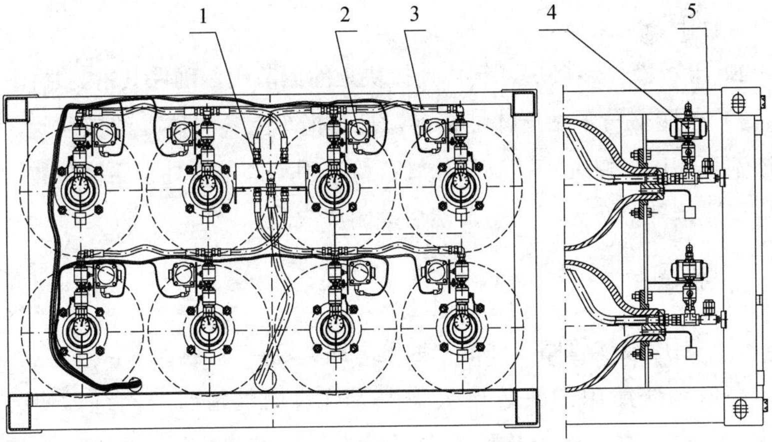

1—气块；2—气动控制阀；3—压缩天然气管路；4—气动执行器；5—安全爆破装置。

（a）

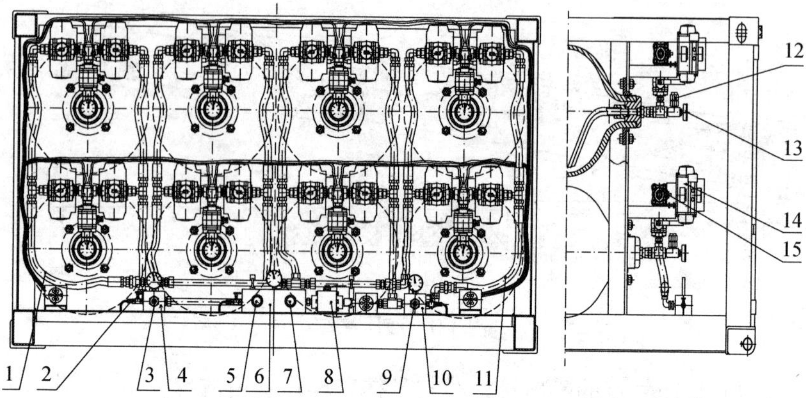

1—注液管路；2—放空阀；3—注液快装接头；4—注液块；5—加气快装接头；6—气块；7—卸气快装接头；8—装卸主控阀；9—回液快装接头；10—回液块；11—回液管路；12—安全爆破装置；13—压力表；14—气动执行器；15—气动控制阀。

（b）

图3-7 操作仓充卸管路

1. 卸气前检查

1）检查拖车上各高压管件、阀门是否连接牢固，有无泄漏等情况，先检查操作仓，后检查安全仓，如发现问题，必须在处理好问题后再进行下一步工作。

2）检查液体连接块、气体连接块上的放散阀，确保其密封性。

3）在拖车与子站撬体连接前，打开拖车上各块体处的放散阀，将该部分卸压，以便连接高压软管；检查手动阀是否处于正确位置，以确保连接部分在无压状态，然后关闭放散阀。

2. 管路连接

（1）高压液体管路（注液、回液管路）连接

高压系统所用的快装接头采用了目前加气站通用的进口快装接头，工作可靠，连接及脱开方便，因在系统中两个液体接头是相同的，故采用在拖车上同时安装公接头及母接头的方式，与之连接

的软管上安装母接头及公接头，保证卸气系统软管不会连接错误（图 3-8）。

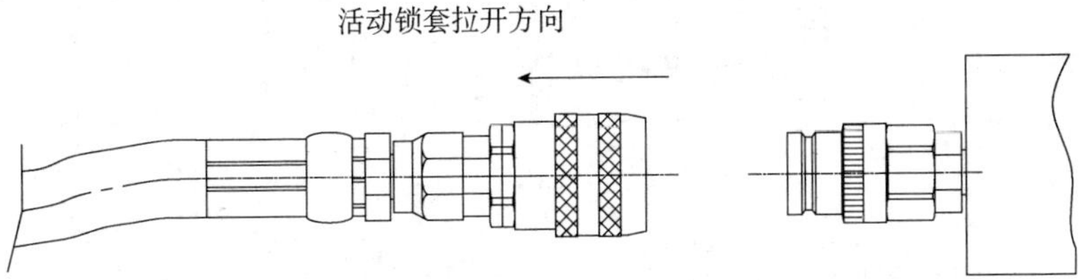

(a) 高压注液软管快装母接头　　　　拖车上注液快装公接头

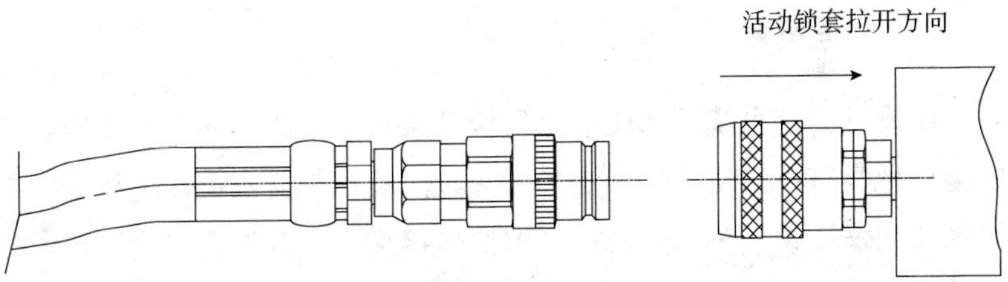

(b) 高压回液软管快装公接头　　　　拖车上注液快装母接头

图 3-8　高压液体管路（注液、回液管路）连接

在确认各连接处完全卸压后，连接时，清洁快装接头，将注液高压软管母接头对准拖车上的公接头，逐渐用力向前推，听到“咔嗒”声音，高压软管公母接头即锁住，连接成功。

脱开时，将快装接头前推到位，母接头活动锁套向后（前）推开，到要求的位置后，注液高压软管公母接头即脱开。

（2）高压天然气管路连接

在确认各连接处完全卸压后，先清洁快装接头，将天然气软管母接头上的活动锁套向后拉开，与公接头插到要求的位置后把活动锁套松开将其复位，即可将接好的接头锁住（图 3-9）。

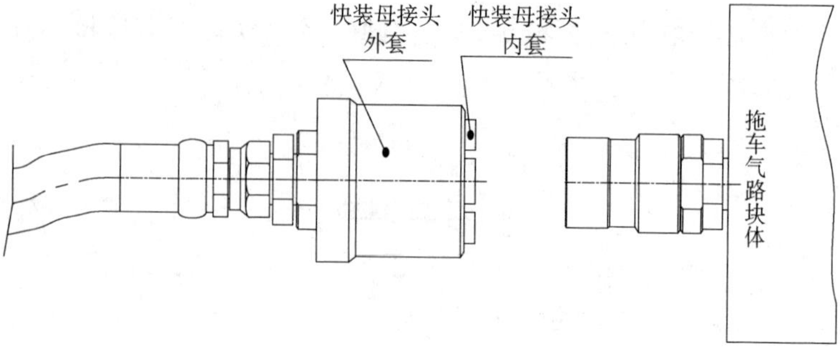

(a) 高压天然气软管快装母接头　(b) 拖车上高压天然气快装公接头

图3-9　高压天然气管路连接

3. 气动控制器管路连接

以设备自控系统所用压缩空气快装接头采用的欧洲产品为例。具体接头种类有：气动控制器快装接头、注液控制器快装接头和压缩天然气控制器快装接头、回液控制器快装接头、第八单元回液控制器接头，如图 3-10 所示。

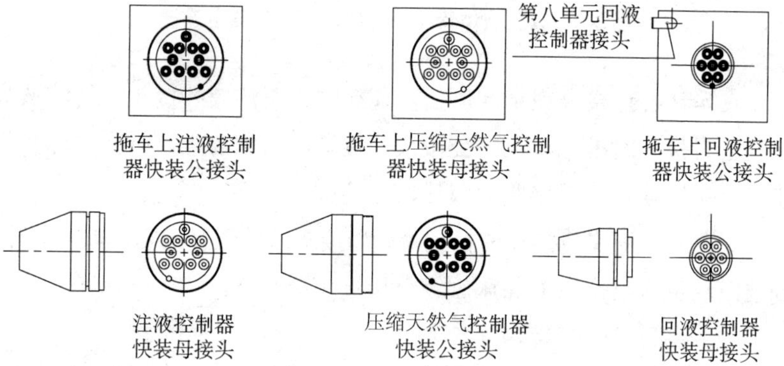

图3-10　压缩空气控制器快装接头

连接方法：在母接头内靠近边缘的地方有一个定位插脚，清洁快装接头后，连接时需将插脚对准公接头有缺口的部位，轻轻插入后拧紧锁母即可可靠连接，切忌暴力操作，保证自控系统正常工作。脱开时，先将锁母拧开，再拔下插头即可。

压缩空气控制器快装接头也采取了在拖车上安装不同的公接头和母接头的方式，保证控制器空气管道连接正确，系统工作无误。

注：多孔密封接头连接时，螺纹不是越紧越好，应上紧后退回 1/3 圈，以便拆卸。

4. 拖车框架顶升

1）关闭拖车及子站系统中的放散阀。

2）启动液压顶升装置，将框架顶起，仰角为 10°。操作中发现异常立即停止。

5. 启动前准备

1）卸气前，操作仓内气动控制阀和装卸主控阀均处于关闭状态。发现异常，必须在解决完问题后再进行下一步工作。

2）打开子站的注液手动控制阀、回液手动控制阀和压缩天然气卸气手动控制阀。

3）打开拖车上的加气总阀门、各瓶口手动球阀，然后打开快装接头前装卸主控阀，启动子站 PLC 控制系统运行。

6. 系统启动运行

1）系统送电，此时软启动器显示 rdy（ready 的缩写，准备），F940GOT 控制面板显示当前工作状态、参数等信息。

2）开启压缩气源设备，使气体储罐压力达到设定值（0.65～0.8 MPa）。

3）启动系统，液压系统开始工作，升压合格后，开始给汽车加气。

4）当卸气完毕时，用子站上的放散阀将软管内的气体排出，将油排入油箱，确认无误后依次断开全部接头的连接。

7. 系统不停止运行换车卸气

1）上一车第八单元开始回液后，开始换车工作。

2）关闭撬体上的注液、排气手动阀，关闭车尾的排气手动阀。

3）打开撬体上的注液、排气的放散阀，卸掉相应管路中的压力后关闭放散阀；打开车尾的注液、排气放散阀，卸掉车尾的快装接头内的压力后关闭放散阀。

4）将注液、排气管及相应的压缩空气管从上一车换到下一车。

5）打开撬体上的注液、排气手动阀，打开车尾的排气手动阀。

6）按下换车按钮，开始向下一车的第一单元注液。

7）上一车的第八单元的二次回液结束后，将撬体上的回液手动阀关闭。

8）打开撬体上的回液放散阀，卸掉回液管路中的压力后关闭放散阀；打开车尾的回液放散阀，卸掉回液快装接头内的压力后关闭放散阀。

9）将回液管路和相应压缩空气管路换到下一车。

10）打开撬体上的回液手动阀。

11）再次按下换车按钮。

12）将车放下，卸下顶升油管，关闭车门，上一车离开。

8. 液压子站拖车移走操作

1）加气结束，钢瓶内的液体介质已经返回储罐中，系统将停止。

2）关闭子站的卸气阀门，关闭拖车加气总阀门（或拖车每个单元的阀门）。

3）关闭子站装置的回油阀门，打开子站回油管的放散阀，排出油压块的压力，断开回油软管，关闭子站回油管的放散阀。

4）关闭子站装置的油压阀门，打开子站注油管的放散阀，断开注油管，关闭子站注油管放散阀。

5）打开子站卸气管路放散阀，断开压缩天然气供气管。

6）启动液压顶升装置，将拖车仰角降下来，连接车头移走拖车的支撑底座，移走拖车车轮挡块。

7）检查拖车连接情况，松开拖车安全闸，移走拖车。

8）操作过程中同时应遵守站上其他安全规定及国家和地方的安全规章制度，并填写操作记录。

第五节　压缩天然气储气系统设备操作

压缩天然气加气站储气设施主要有储气瓶组、储气罐和地下储气井等。地下储气井是区别于储气瓶组和储气罐的一种较先进的储气方式。井式储气装置采用石油钻井技术，其技术符合 SY/T 6535 行业标准的储气井专用套管扣连接接入地下，并用耐高压的专用密封脂进行密封，实行全井段水泥封固成形。

一、储气井操作

储气井结构如图3-11所示。

1. 设备操作前检查

1）阀门状态：检查阀门状态是否正确（管路阀门打开，排污阀及放空阀关闭）。

2）检查管路及阀门是否有漏气现象，确认各管线接头及部件连接可靠。

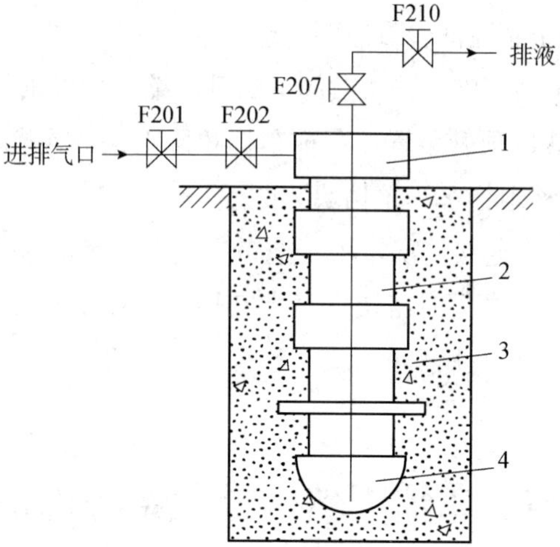

1—井口装置；2—井筒；3—固井水泥；4—井底封头。

图3-11 储气井结构

2. 储气井排污操作

1）开启排污阀门操作。

2）检查储气井与排污管线可靠连接，排污管线应由双阀控制并可靠接地。

3）按先后顺序依次开启排污球阀 F207、排污控制阀 F210。

4）排污球阀 F207 保持全开阀位，通过操控排污控制阀 F210 的开启度进行排污，阀门开启速度应缓慢、用力均匀。阀门开启顺序：先开排污球阀，后开排污控制阀。排污控制阀开启角度不应过快、过大，防止流速过高导致污物喷射，引发安全及污染环境事故。

5）观察排污情况。观察排污情况，根据排污量确定开启控制阀的时间长度。根据污物排放流速的快慢情况，操作调整排污控制阀 F210 的开启程度。

6）关闭排污阀门操作。当无液体排出时，先关闭排污控制阀 F210，再关闭排污球阀 F207。当关闭阀门后，仍可听到排气声或看到阀体结水、结霜现象并产生冰凉感觉时，应重复上述排污作业，进行阀门的启、闭操作，若情况无改善，应及时进行阀门内漏故障的报修处理。

7）所有操作结束填写储气井排污记录。

二、储气瓶组操作

1. 设备操作前检查及注意事项

1）操作人员不得跨越储气瓶组间高压管线。

2）严禁操作人员违章操作。

3）工器具不得乱扔乱甩，以防碰坏高压零部件，造成高压气体泄漏而引发火灾事故。

4）储气瓶组有压力时严禁进行任何检测及维修。

5）储气瓶组的高压管线及排污管均应进行固定。

6）储气瓶组使用期间，应按相关规程进行检修，并如实记录。

7）储气瓶组各阀门切忌猛开猛关，如为双阀门时先开/关内阀门，再开/关外阀门。

8）操作时需一个人开关阀门，另一个人观察压力表压力变化，按压力上升快慢决定阀门开大或关小。两人互为安全监护人。

9）发现储气瓶组泄漏，应按照储气瓶组放散操作立即进行放散。

10）压力表、安全阀应按规定定期校验，气瓶及固定螺栓部位定期刷漆防腐，储气瓶组每 3 年做气密性全面检查。

11）注意储气瓶组周边单位有无酸碱性介质排放，以防对储气瓶组造成腐蚀，发现情况及时上报。

2. 储气瓶组排污操作

1）正常加气时，应保持储气瓶组进出球阀和压力表下针阀均处于常开状态。

2）停止加气时，除储气瓶组压力表下针阀常开外，其余所有阀门均处于关闭状态。

3）储气瓶组长期停止使用时，应将储气瓶组内存气排出，以保证安全。

4）工作中应每小时巡检一次，检查各接头是否漏气，压力表显示是否正常，安全阀是否有效，发现问题及时处理。

5）交接班时，应查看储气瓶组周围地面，是否有裂痕、沉降，可燃气浓度是否超标，储气瓶组管线有无上蹿，管口部件是否完好，发现问题及时上报。

6）正常工作时，应每月排污一次。排污时，按如下操作步骤进行：

①先开靠近储气瓶组侧前端的排污球阀，检查排污管线有无泄漏；

②缓慢打开后端排污阀，进行排污；

③排污过程中，要监护周围，保证安全，不得有火源；

④排污结束，先关闭前端排污阀，再关闭后端排污球阀；

⑤排除的油污要集中回收，妥善保管，保证安全和环保；

⑥填写储气瓶组排污记录。

3. 储气瓶组放散操作

1）需放散时，首先考虑周围环境有无隐患，是否适合放散，然后疏散周围非工作人员。

2）关闭储气瓶组与压缩机间所有球阀，缓慢打开放散球阀，球阀开启约 15° 即可。

3）放散每隔 3 min 停 1～2 min，再继续进行，反复操作直到放散完全方可进行后面的工作。阴天或雨天间隔时间可适当延长 2～3 min，大雾天严禁对储气瓶组实施放散。

4）球阀或手阀放散时，操作人员应处于与放散气流方向大于90°夹角的位置。气瓶放散时角阀应先打开一圈，到放散最后时，再完全打开。

5）放散完成后，完全打开球阀或手阀，确认放散是否完全，仔细检查每个球阀和手阀。冬天放散时，严禁强行开启阀门。

6）放散切勿急躁（猛放猛停），以免发生冰堵，造成危险。放散完成后须等待 15 min，再进行其他的操作。

7）填写储气瓶组放散记录。

三、程序控制盘操作

压缩机将高压压缩天然气送入程序控制盘，通过预先设置的顺序阀开启压力（高压≥23 Mpa，中压≥20 MPa；低压≥18 MPa），分别对高压、中压、低压储气系统进行充气，当高压、中压、低压顺序阀全部打开后，同时给 3 个储气井进行补充气，压缩机系统检测到储气系统的压力达到设定压力时，压缩机停止工作。本操作以型号 HQHP-CXP-E 程序控制盘为例进行介绍。

1. 设备操作前检查

1）检查确认各阀门开关状态。

2）检查确认压力表等安全附件是否在检验有效期内。

3）检查确认控制盘是否存在跑、冒、滴、漏现象。

2. 直充方式的操作

1）操作人员缓慢打开进气球阀。

2）缓慢打开直充球阀。

3）关闭高压、中压、低压的进气球阀。

4）启动压缩机。

3. 非直充方式的操作

1）操作人员缓慢打开进气球阀。

2）缓慢打开高压、中压、低压的进气球阀。

3）关闭直充球阀。

4）启动压缩机。

第六节　压缩天然气加气、卸气系统操作

一、加气柱操作

1. 操作前检查

1）检查加气设备是否正常。

2）检查压缩天然气专用半挂车压力容器许可证、出厂质检合格证、定期质检合格证、充装证是否齐全。对无定期质检合格证，气瓶超过有效期以及合格证不全的车辆，一律不得加气。

3）对新到站加气的车辆，未查明气瓶原有不同介质是否已替换干净之前，一律不得加气。

4）对没有剩余压力的气瓶一律不得加气。

5）对有结露等泄漏现象的车辆一律不得加气。

6）检查待充气车辆乘客是否已全部下车，发动机是否已经熄火。对乘客未下车、发动机未熄火的车辆一律不得加气。

7）用未戴手套的手指触摸一下汽车，放掉身上的静电。

8）协助押运员引导车辆停放在加气区指定的安全作业地点，引导车头与槽车车身分离，垫好防溜三角木，设置隔离桩等防止无关人

员进入，避免造成伤害事故。

9）打开槽车后仓门，将拖车舱门风钩固定牢靠，加气点的静电接地线与槽车操作仓内的导静电片连接。

10）检查槽车各高压管件阀门是否连接牢固，有无泄漏等情况，如发现问题，必须在处理好问题后再进行下一步工作。

11）检查连接块上的放散阀，确保其密封性。

12）在槽车与加气软管连接前，打开槽车充气快装接头的放散阀，将该部分卸压，以便连接高压软管，确保连接部分在无压状态后关闭放散阀。

13）填写充装前检查部分及充装前压力、时间等信息。

2. 加气操作

1）将加气枪快速接头与槽车上充气快装接头安全连接，挂上防脱挂钩。

2）关闭加气柱上的放空球阀；打开槽车上的进气球阀，此时可从加气柱上的放空压力表读出汽车储气罐的剩余压力。

3）打开加气柱上的加气球阀。非定量加气：按加气柱键盘上的加气键即可加气。定量加气：首先通过键盘设定需加的气量（单位为 m^3）或金额，然后按加气键即可加气。

4）开启压缩机，当加气压力达到设定压力（≤19.8 MPa）或达到定量加气值时，按停止键手动停止加气，填写充装记录。

5）关闭槽车进气的球阀。

6）关闭加气柱的加气球阀，打开放空球阀排除槽车上的球阀至加气柱的球阀之间管道中的高压气体。

7）从槽车上取下加气枪，取下防脱挂钩，结束加气。

8）加气完毕后，收起静电接地线，配合押运员关好槽车后仓门，撤除三角木。

9）进行充装完后安全检查，确认拖车气瓶相关安全附件（压力表、温度表、爆破片）完好，后舱内工艺管线完好无泄漏。

10）填写《移动式压力容器充装记录》，记录充装后压力、充装量等信息，并让车辆押运员、驾驶员签字确认。

二、加气机操作

1. 设备操作前检查

1）泊车到位，检查车辆，车辆应熄火、断电，拉好手刹，人员下车到安全区等候。

2）开启后备厢检查车载钢瓶及其管线，车载钢瓶外观应完好无损伤，安装件紧固无松动，管线无泄漏。压力容器使用手续齐全，扫码合格有效。

3）开启引擎盖检查其管线有无泄漏。

2. 取枪、对口

1）挂好防脱挂钩。防脱挂钩应悬挂于车体金属框架的坚固部位，禁止挂在工艺管线上。

2）双手握住加气枪，枪头对正加气快速接口，垂直下压枪头插入快速接口，听到加气枪头发出“咔嗒”声后确认是否正常。

3. 开启加气阀

1）确认加气枪安装到位后，一只手握住加气软管，另一只手将加气枪阀门开关手柄按逆时针方向缓慢旋至加气位置。操作时应保持枪身垂直，扳动手柄时用力要均匀。人员应侧身站在加气软管侧方，不得跨越管线站立。

2）按逆时针方向缓慢旋转车上的加气阀门，此时可听见加气枪内有气体流动的声音，继续旋动阀门手柄直至全开状态。

4. 操作加气控制面板

1）用户使用IC卡的，在IC卡插入后，加气机显示出相应的卡信息，在用户确认无误后，（触屏式）点击控制面板上“启动”按键开始加气，（按键式）点击键盘上“加气”按键开始加气。在车辆加气的过程中不得随意抽取IC卡和更改面板参数。

2）用户使用现金的，在确认用户加气数量或加气金额后，点击控制面板上“启动”按键进行加气。

3）不允许非工作人员操作加气设备。

4）加气过程中，持便携式天然气体探测器检查汽车气瓶及连接管线有无泄漏。

5. 关闭车辆加气阀

汽车加气停止后，加气工顺时针旋动车上加气阀门手柄使其关闭。注意：确认加气完成，加气机读数无变化后，执行此项操作。

6. 关闭枪阀并放空卸压

加气工一只手扶住加气软管，另一只手顺时针扳动加气枪阀门手柄关闭枪阀并放空卸压。注意操作时应平稳过渡，防止卸压过快造成冲击。不允许放空嘴对人放空。

7. 拔枪

加气工确认卸压完成后，操作开关的手垂直下压枪身，扶枪的手握住加气枪前端卡套向上拉动，拉动后双手握枪上提使其与加气嘴分离。拔枪时禁止单手操作。

8. 收枪

1）取下防脱挂钩，理顺加气管线，手握加气枪放入加气机枪筒内。软管应盘好后放置于加气岛上，防止过往车辆碾压。

2）加气完成后，持便携式天然气体探测器检查汽车气瓶及连接管线有无泄漏。

9. 取卡或收费

1）使用 IC 卡加气的，加气工应读报本次消费金额及卡内余额，取出 IC 卡示意加气结束，车辆可以离开。

2）使用现金或 POS 机支付（微信、支付宝、银行卡）结算的，应读报加气金额与气量进行告知确认。

3）应与客户准确核对、确认卡内信息或加气金额。

第四章

压缩天然气场站设备维护保养

压缩天然气加气站工艺设备维护保养主要包括天然气压缩机、脱水装置、加气机、液压撬体、子站拖车及附属设备的维护保养，本章分别进行介绍。

第一节 压缩天然气压缩机的维护保养

压缩天然气压缩机维护保养主要包括维护保养程序、常见故障处置和注意事项。

一、维护保养程序

1. 压缩天然气压缩机每日保养内容（表 4-1）

表 4-1 压缩天然气压缩机每日保养内容

序号	项目
1	油位检查：润滑油油箱、曲轴箱、注油器
2	检查并排除分离器积液（手动放污）

续表

序号	项目
3	检查并消除机组油、气泄漏现象，保持设备表面和环境的清洁
4	手动转动注油器柱塞 5 圈，检查各注油点注油是否正常
5	检查机组各部位运转有无异响和振动
6	检查油压及油温是否正常
7	检查压缩机系统各级压力和温度是否正常
8	检查电气控制柜电压、电流，各指示灯是否正常
9	填写记录和运行日志

2. 压缩天然气压缩机新机运行 200 h 维护保养（表 4-2）

表 4-2　压缩天然气压缩机新机运行 200 h 维护保养

序号	项目
1	清洗进气型过滤器滤芯
2	清洗分离器排污用止回阀
3	检查联轴器、风扇传动装置的连接情况
4	检查各轴承盖、连杆大头螺栓、曲轴上平衡铁螺栓、十字头上配重块螺栓、十字头与活塞杆连接处的螺母等连接处螺纹松紧情况
5	检查机身或中体与各级压缩缸、各级压缩缸与机身等连接螺栓的松紧程度
6	紧固控制柜、接线箱等所有电气接线端及各连接点的螺钉（新机运行后首月）

3. 压缩天然气压缩机每运行 1 000 h 维护保养（表 4-3）

表 4-3　压缩天然气压缩机每运行 1 000 h 维护保养

序号	项目
1	每日维护保养的全部内容
2	清洗注油器泵头、膜片止回阀，若有损坏应更换
3	对风冷式冷却器可用压缩空气吹扫

4. 压缩天然气压缩机每运行 2 000 h 维护保养（表 4-4）

表 4-4　压缩天然气压缩机每运行 2 000 h 维护保养

序号	项目
1	每运行 2 000 h 维护保养的全部内容
2	更换润滑油、机油过滤器滤芯
3	更换送气精密过滤器滤芯
4	给电动机轴承加润滑脂（按电机要求）
5	清洗或更换曲轴箱呼吸器
6	清洗前置精密过滤器
7	清洗、吹扫压缩机气阀，检查气阀气密性
8	确认机组地脚螺栓、管路和气缸各连接螺栓坚固无松动

5. 压缩天然气压缩机每运行 4 000 h 维护保养（表 4-5）

表 4-5　压缩天然气压缩机每运行 4 000 h 维护保养

序号	项目
1	每运行 4 000 h 维护保养的全部内容
2	检查所有软管有无破裂和老化现象，根据情况更换软管
3	紧固控制柜、接线箱等所有电气接线端及各连接点的螺钉，紧固电机接线，清洁控制柜内灰尘
4	检查并校验各压力表（每半年）
5	测量电机相间绝缘、对地绝缘电阻值（1 MΩ 以上）

6. 压缩天然气压缩机每运行 8 000 h 维护保养（表 4-6）

表 4-6　压缩天然气压缩机每运行 8 000 h 维护保养

序号	项目
1	每运行 8 000 h 维护保养的全部内容
2	更换压缩机主机轴封

续表

序号	项目
3	更换压缩机各级进排气阀、活塞环、支撑环、填料密封件
4	清洗检查润滑装置、润滑系统管路及阀门等零部件，更换相应“O”形圈，修理或更换损坏件
5	清洗油水分离器（过滤器）内部的油污、杂质等，更换“O”形圈
6	检修阀岛，更换内部的“O”形圈
7	检查各轴承盖、连杆大头螺栓、曲轴上平衡铁螺栓、十字头上配重块螺栓、十字头与活塞杆连接处的螺母等连接处螺纹松紧情况
8	清除压缩缸、活塞、活塞环及进排气口上的积炭，检查记录活塞环、气缸磨损情况及活塞环开口间隙和侧向间隙，必要时进行修理或更换
9	清洗检查活塞杆填料，检查活塞杆是否有拉毛或异常磨损现象
10	检查并校验安全阀（每年）
11	检查并校验各压力变送器、温度铂热电阻
12	检查主回路断路器、接触器触点是否有烧痕，若有轻微烧痕进行修复，若有严重烧痕必须更换
13	检查压缩机的气缸支撑是否发生变化
14	检查主机各主要零部件，如轴瓦、轴颈、连杆、连杆铜套、十字头、十字头销、十字头缸套、活塞及活塞杆、气缸等磨损情况及其损坏情况，并按需要进行修理和更换
15	压力容器投用后 3 年进行首次定期检验。以后的检验周期由检验机构确定

7. 压缩天然气压缩机每运行 16 000 h 维护保养（表 4-7）

表 4-7　压缩天然气压缩机每运行 16 000 h 维护保养

序号	项目
1	每运行 16 000 h 维护保养的全部内容
2	检查联轴器对中情况
3	更换轴承盖螺栓、连杆螺栓

8. 压缩天然气压缩机每运行 20 000 h 维护保养（表 4-8）

表 4-8　压缩天然气压缩机每运行 20 000 h 维护保养

序号	项目
1	每运行 20 000 h 维护保养的全部内容
2	电机更换电机轴承、各油封，调整间隙
3	检查主回路断路器、接触器触点。更换不良触电

9. 压缩天然气压缩机每运行 32 000 h 维护保养（表 4-9）

表 4-9　压缩天然气压缩机每运行 32 000 h 维护保养

序号	项目
1	每运行 32 000 h 维护保养的全部内容
2	检查主机各主要零部件，如轴瓦、轴颈、连杆、连杆铜套、十字头、十字头销、十字头缸套、活塞及活塞杆、气缸等磨损情况及其损坏情况，并按需要进行修理和更换

二、常见故障处置

压缩天然气压缩机常见故障处置方法见表4-10。

表 4-10　压缩天然气压缩机常见故障处置方法

故障现象	可能的原因	排除方法
气量不足	1. 气体流程管道中连接部位漏气。 2. 活塞环或气阀漏气。 3. 气阀的阻力损失过大。 4. 气缸与气缸、气缸与缸盖之间的连接螺母松动或安全阀密封不严等故障，使气体外漏。 5. 一级余隙容积过大。 6. 填料密封处向外漏气。 7. 电动机转速下降	1. 在有压力的情况下用肥皂水检查各连杆部位，找出漏气部位加以排除，必要时更换。 2. 检查活塞环或气阀，必要时更换。 3. 检查或更换气阀。 4. 上紧螺母，检修研磨密封面。 5. 调整余隙容积。 6. 检修填料，必要时更换有关零件。 7. 检查电动机或电网电压

续表

故障现象	可能的原因	排除的方法
各级压力不符合规定	1. 压力表有故障。 2. 气阀工作不良，漏气。 3. 气体管道有漏气现象。 4. 填料漏气。 5. 阀片损坏，弹簧断裂或失去弹性。 6. 冷却器冷却效果不良	1. 检查压力表或更换。 2. 检查气阀或更换。 3. 检查压缩气体流程，查明原因并排除。 4. 检修填料，必要时更换有关零件。 5. 更换气阀。 6. 清洗冷却器污垢
排气温度过高	1. 冷却管污垢过多，影响冷却效果。 2. 气阀漏气。 3. 活塞环破损或密封不严，气缸两端互相串气	1. 清除污垢。 2. 更换气阀。 3. 检修或更换活塞环
润滑油压力不足	1. 曲轴箱内润滑油不够。 2. 粗滤油器被污染或被堵塞。 3. 旋转式机油滤清器受堵。 4. 油压表失灵。 5. 油泵管路堵塞或破损。 6. 油泵失去作用。 7. 润滑油质量不符合规定，黏度太小。 8. 润滑部位的间隙过大	1. 加润滑油。 2. 清洗。 3. 更换。 4. 更换油压表。 5. 检修或更换油泵管路。 6. 检查油泵进、排油口面封闭情况。 7. 更换质量符合规定的润滑油。 8. 调整润滑油部位的间隙
压缩机有异常声响	1. 缸盖与气缸间落入金属块（如阀片、弹簧等破碎片），发出撞击声。 2. 活塞、气缸镜面的粗糙度损坏，互相粘剥。 3. 气阀松动。 4. 活塞之间的连接螺母松动。 5. 连杆螺栓的螺母松动。 6. 十字头销咬死或移位。 7. 连杆大头轴瓦磨损造成间隙过大。 8. 轴承盖松动	1. 及时停机取出金属块。 2. 拆下检修。 3. 检查并上紧气阀。 4. 锁紧螺母。 5. 检查螺母并按规定拧紧。 6. 检查十字头销和连杆小头铜套，必要时更换。 7. 更换大头瓦。 8. 拧紧轴承盖上的螺母

续表

故障现象	可能的原因	排除的方法
压缩机润滑油温度异常升高	1. 润滑油质量不好或被污染。 2. 运动机构装配间隙过小或者中间夹有较硬的金属颗粒。 3. 各运动部位的组合间隙不良。 4. 油的黏度不适合	1. 更换符合规定的润滑油。 2. 重新调整间隙，清洗掉金属颗粒。 3. 调整间隙使其符合规定值。 4. 更换适合的润滑油
按下“启动”按钮电机不转或运转后很快停机	1. 外电网电压太低。 2. 导线连接部位连接不良或断裂。 3. 启动器内部有故障。 4. 按钮、接触器触点有污物或损坏。 5. 电动机本身有故障	1. 检查电网电压，排除故障。 2. 检查线路连接部位，修理损坏处。 3. 检查启动器。 4. 清除污物，修理损坏处。 5. 按电动机说明书检查并修理

三、注意事项

1）禁止在关闭出口阀的情况下开机测试。

2）维修维护时应停机并上锁挂签，按制度要求办理相应作业票证并落实安全措施。

3）维修维护后开机前应手动盘车 5 圈，确认运转正常、现场无影响运转的物品后再开机运行。

4）环境温度低于 5℃时，观察油加热器是否正常启动。

第二节　天然气脱水装置的维护保养

天然气脱水装置的维护保养包括维护保养程序、常见故障处置和注意事项。

一、维护保养程序

1. 无须中断运行的保养与检查

1）每日 1 次，检查再生温度、冷却器温度是否正常，检查罗茨风机、风冷却器声音、振动是否异常。

2）每周 1 次，检查切换过程及所描述的功能是否正常，检查吸附、再生、冷却及切换时间，检查干燥塔的压力损失，检查过滤器、分离器排污口是否通畅。

3）每月 1 次，紧固所有松动的接头。

若运行中没有故障出现，应定期完成下面的保养工作。

1）每月 1 次，检查所有压力表和温度表。

2）每季 1 次，检查前置、后置过滤器压力损失。

3）每年 1 次，检查电加热元件、所有阀门及垫片。

4）每年 1 次，清洗前置、后置过滤器滤芯。

2. 更换吸附剂

1）正常情况下，吸附剂可连续使用 3 年。

2）建议每年检查吸附剂粉化情况。可打开后置过滤器及干燥罐手孔、干燥罐底部排污口检查，如果发现粉化严重，应及时更换吸附剂。

3. 再生处理

1）建议每年对两个干燥罐进行 1 次再生处理。再生处理时可根据需要，调整温度控制设定参数，以达到较好的再生效果。再生处理的方法：将设备进出口阀门关闭，按上述规定调整好再生压力，然后分别对 A 罐和 B 罐进行闭式循环加热再生。

注：再生结束后，将温度控制设定参数调回原来数值。

2）更换装置系统中任何零部件，都应在设备不带压情况下进行。

二、常见故障处置

天然气脱水装置常见故障处置方法见表 4-11。

表 4-11　天然气脱水装置常见故障处置方法

序号	故障现象	排除方法
1	加热器温度控制器设置错误	重新设置
2	加热器温度传感器 TS2 或 TSl 发生故障	维修或更换
3	电加热元件发生故障	需要更换
4	电加热不启动	循环风机不工作，或控制器断路器没有闭合，保护装置起作用，或绕组开路、短路和过载，电源缺相
5	冷却器不启动	1. 控制器断路器没有闭合。 2. 绕组开路、短路和过载，电源缺相。 3. 冷却器温度传感器 TS4 设置错误或发生故障。重新设置或维修、更换温度传感器。 4. 检查防冻堵参数设定值
6	冷却效果不好	1. 冷却器翅片被灰尘堵塞，影响散热。需清洗冷却器翅片。 2. 冷却风箱叶片和风扇进风口间隙过大，导致冷却气流短路，影响换热效果。需重新调整间隙
7	循环风机不启动	1. 控制器短路没有闭合。 2. 电机接线错误或者其他电器问题，检查接线或其他电器问题。 3. 绕组开路、短路和过载，电源缺相
8	循环风机异常响声	1. 曲轴故障，活塞环故障。检查更新。 2. 轴承磨损严重。更换轴承。 3. 升压波动大。检查管路，查出波动原因并排除
9	循环风机润滑油泄漏	1. 油位过高。调整油标油位。 2. 密封失效。更换密封件

续表

序号	故障现象	排除方法
10	循环风机震动过大	1. 基础不稳固。需加固、紧固。 2. 电机、风机对中性不好。按风机说明书重新找正。 3. 轴承磨损。更换轴承。 4. 设备底座与安装基础未完全贴合。需在悬空处加垫片

三、注意事项

1）装置初次使用或维修后，必须对系统进行置换处理。

2）开机时，再生系统和整个装置不得过载。

3）装置停止工作后恢复工作时，应使用已完成再生的干燥罐进行吸附工作。

4）如因停电等原因造成再生未完成时，在供电以后，再生罐的再生过程，必须完成以后方可切换吸附，以免造成分子筛及检测仪表损坏。

5）再生排水时排到再生系统气压有明显下降才算排水完成；严禁用潮湿的气体加热分子筛。

第三节　加气机的维护保养

加气机的维护保养包括维护保养程序、常见故障处置和注意事项。

一、维护保养程序

1. 加气机过滤器维护保养

定期对加气机内的过滤器进行排污，根据加气机加气频次，一般排污周期为 1 个月，根据压缩机排出到气体中的油污成分多少决定。油污多的情况下，每周进行一次过滤器排污，每月进行一次滤芯清洗，清洗前做好停气、放空；过滤器的滤芯正常使用寿命一般为 1 年左右，每隔一年需要更换滤芯，保证过滤性能最佳，减少设备其他阀件故障。频繁的排污会导致排污阀受到不同程度的损伤，操作排污阀时要把握好开关阀门的力度，不宜用力过大，否则容易导致排污口关不严而漏气。

2. 加气机电磁阀维护保养

电磁阀是一个使用频率很高的电磁阀件，其中电磁阀阀芯容易损坏，一般要控制好气体里面的油污和杂质，油污积累过多会导致电磁阀阀芯腐蚀，磨损就更大，会出现不提阀，或者电磁阀关不严而漏气等现象。发现不提阀，或者电磁阀关不严而漏气时，应停气放空，拆卸电磁阀，只要电磁阀阀座没有损坏，清洗或更换阀芯，主阀芯的正常使用寿命一般为 1 年。

3. 加气机拉断阀维护保养

每周检查一次出气嘴与拉断阀主体的配合是否过紧（检查方法：抓住拉断出气嘴，旋转拉断阀主体，看拉断阀主体旋转时有无卡涩或转不动的情况，如果出现卡涩或转不动的情况应拆开拉断阀，清洗内部的杂质或更换新的拉断阀）。拉断阀内部“O”形圈为易损件，正常使用寿命为 1 年，如果拉断阀被拉断则必须更换“O”形圈，同时注意控制压缩天然气气质里面的油污。定期排污，确保气质干净，减缓“O”形密封圈损坏；每 6 个月对拉断阀内部杂质进行清洗。

4. 加气机二位三通阀维护保养

二位三通阀密封端面和球头为易损件，密封端面正常使用寿命为 3 个月，球头正常使用寿命为 6 个月。提高过滤器的排污频率，减少进入枪阀的杂质、油污能大幅延长密封端面和球头的使用寿命。更换球体或密封端面后重装枪阀时应注意，碟形垫片应按一正一反的方向安装。

5. 加气机插销枪头维护保养

主要作用是插在汽车接口上加气。该枪头一般是 1 年半或 2 年更换一次，加气机与汽车接口磨损很大，容易出现加气中爆圈漏气，一般枪头“O”形圈每个班次更换一次。

6. 加气机高压软管维护保养

对加气高压软管外部做防摩擦保护，防止软管外部胶皮与地面和金属物摩擦把母管磨穿后漏气或鼓包，严重时会出现破裂伤人。内部的气体压力处于 20 MPa 左右，长时间受高压影响和使用摩擦以及弯曲影响。高压软管一般为每年进行一次耐压试验，每 2 年更换一次，保障安全生产。

二、常见故障

天然气加气机常见故障处置方法见表 4-12。

表 4-12　天然气加气机常见故障处置方法

序号	故障现象	故障处置方法
1	复位停止或待扣费状态复位	加气过程中断电或主板电源电压低
2	定气量或卡预购气量不足	定气量操作或 IC 卡里余额气量不足导致
3	定金额或卡金额不足	定气量操作或 IC 卡里余额不足导致
4	超压	钢瓶压力高于系统设置值，如果是故障停止，可能是压力过高导致或主板损坏导致
5	过流	主板损坏或者流量计损坏导致

续表

序号	故障现象	排除方法
6	非换阀失压	没有换阀时，压力突然变小，不可调；或者主板损坏导致
7	换阀失压	无
8	小流量停止	加气的流量已经低于设置值，修改参数12/13/14；或者电磁没有打开；或者主板采集数据问题，主板损坏；或者流量计本身问题
9	阀状态异常	主板损坏，或电源板问题
10	手动停止	加气过程中手动按下“停止”
11	加气过程中不走气	阀开时始终不走气；可能是主板问题和流量计问题
12	计算错误	可能是主板计算错误，流量计参数设置问题
13	IC 卡异常	加气过程中读卡失败，或卡被人拔走，或卡信号差
14	电接点控制停止	电接点压力表超压控制停机，可能主板损坏，也可能是电接点压力表损坏
15	流量计异常停机	流量计通信信号异常

三、注意事项

当出现以下情况时，禁止加气：

1）客户或乘客未下车的车辆；

2）加气站上空电闪雷鸣；

3）无电子标签车辆；

4）气瓶超期未检的车辆；

5）车牌信息不符的车辆；

6）充装前检查存在异常或者气瓶、管路有跑、冒、滴、漏情况或存在其他明显事故隐患的车辆。

压缩天然气加气枪在加气机右侧的软管按顺时针方向从内到外进行盘整，左侧的软管按逆时针方向从内到外进行盘整，盘整好的软管不得超过 3 圈，没有明显弯折过度现象。

第四节　液压撬体的维护保养

一、日常维护及检查内容

液压撬体的日常维护及检查内容见表 4-13。

表 4-13　液压撬体的日常维护及检查内容

序号	检查维护项目	检查要求	期限
1	压力表	指示正确、灵敏	每 2 h
2	液压泵运行情况	运行正常（温度、噪声等）	每 2 h
3	PLC 人机接口显示情况	显示正常	每 2 h
4	启动电机电流显示情况	显示正常	每 2 h
5	气动管路快装接头密封情况	无泄漏	每 2 h
6	液体介质	液体正常、温度正常，无粉尘、脏物等	每 2 h
7	子站管件与压缩天然气拖车连接情况	连接良好、无泄漏	每 2 h
8	撬体内外各管件连接情况	无松动、无泄漏	每 2 h
9	液位计	指示正确、灵敏	每班
10	排污阀、排气阀工作情况	灵敏、可靠，致密性良好	每班
11	手动阀门开关情况	操作灵活	每班
12	气动阀门开关情况	动作灵活	每班

续表

序号	检查维护项目	检查要求	期限
13	吸油、空气、天然气过滤器堵塞情况	阻尼压力在允许范围内	每班
14	洁净气源设备运行情况	运行正常	每班
15	各管路外观状况	无磨损、无折痕、无划伤、无变形	每班
16	燃气报警系统运行情况	显示正常	每班
17	电器元件、电气线路运行状况	无异常现象	每班
18	滤油机运行状况	无泄漏，温度、声音、阻尼值正常	每班
19	气动阀门开启顺序	符合程序要求	每周
20	撬体周检	对撬体进行全面检查，填写周检表	每周
21	撬体月检	对撬体进行全面检查，填写月检表	每月

二、撬体定期保养内容

1）当吸油过滤阻尼表指针在 0.3～1.0 bar 时，清洗吸油过滤滤芯。

2）油箱滤油系统在运行初期应保证每周清洗一次，运行 3 个月后可根据系统在当地运行状况来调整清洗的频率。

3）滤油机保证 24 h 运行，不得关闭（气温高时除外）。

4）当滤油机的阻尼表指针在黄色压力区域时，清洗滤油机的粗滤芯和精滤芯。

5）空气滤清器的滤芯应每月更换。

6）箱体后部油冷却器处应开阔、无障碍物，不可被覆盖。

7）液体介质每年进行一次过滤，每半年化验一次。

8）每年对液体储罐进行一次清洗，将油垢全部清除。

9）每班检查压缩天然气子站各高压管路、管件连接是否可靠，有无泄漏情况，发现问题及时处理。

10）每班检查撬体液压增压系统中液压是否符合要求，如果液位低于规定值，查明原因，适当补充液体介质。

11）每天检查压缩空气管路接头是否松动和有无漏气现象，并消除。

12）每周检查电子系统接线端是否松动，并及时处理。

13）每班检查 PLC 报警器系统，发现问题及时处理。

14）检查液压泵运转情况、电机运行情况，检查各部件连接螺栓情况，发现问题及时处理。

15）检查空气压缩机运行情况和润滑情况，发现问题及时处理。

16）严禁带压调整连接螺栓。

17）每半年对柱电机注入锂基脂黄油进行保养。

18）每周对撬体内缓冲罐排污。

19）每班对撬体内、外各部件进行清洁维护。

三、顶升装置维护保养内容

1）每班清洁各部件达到无灰尘、无油垢、无松动、无丢失、无损坏。

2）每班检查主电机和增压泵达到运转声音、温度，增压无异常。

3）每班检查管路及连接点部位，达到无漏油、无损坏、无松动。

4）每班检查压力表，达到无漏油、无损坏，压力指示正常。

5）每班检查快装接头，达到无损坏、拆装灵活，密封性、安全性良好。

6）每班检查储油箱内液压油的油质、油位、温度，达到油质良好，油位及温度正常。

7）液压油每半年进行一次过滤，并及时补充液体介质。

第五节　子站拖车的维护保养

子站拖车正常的运行状态下是高压载荷、行进过程中由于地面不平进行长时间颠簸以及充装、卸载时频繁的冲击，不可避免地会出现松动和泄漏现象，所以子站拖车日常的维护保养工作非常重要。

一、子站拖车的日常维护

1）瓶式压力容器、压力表如发生泄漏、爆破片泄漏或破裂，立即停止系统运行，关闭各手动球阀，打开放散阀，摘除快装接头与子站高压软管的连接，将专用半挂车拖至安全通风无明火的开阔地带，并尽快通知厂家。

2）管件、快装接头、阀门、高压软管如发生泄漏，立即停止系统运行，关闭各手动球阀，放散油路和气路的压力，并及时通知厂家。

3）“U”形螺栓与管件间的胶管、垫片如发生松脱、老化或遗失，应及时紧固、更换。

4）严禁带压操作。

5）快装接头的连接如不灵活，滤芯、油封影响装卸介质，应及时更换。

6）高压软管如出现凹凸、破裂、褶皱及折痕，应及时更换。

7）专用半挂车在运输过程中的颠簸，会使钢瓶根部与球阀之间的活节连接产生松动，因此对该部位每周应进行一次检查。

子站拖车的日常维护与保养内容见表 4-14。

表 4-14 子站拖车的日常维护与保养内容

<table>
<tr><th colspan="2">保养对象</th><th>维护保养内容</th><th>期限</th></tr>
<tr><td colspan="2" rowspan="2">瓶式压力容器</td><td>检查外观</td><td>每次</td></tr>
<tr><td>检查端塞与容器连接面有无泄漏现象</td><td>每天</td></tr>
<tr><td rowspan="11">操作仓</td><td rowspan="2">管件</td><td>检查各连接及焊接处有无泄漏</td><td>每次</td></tr>
<tr><td>检查安全爆破装置有无泄漏</td><td>每天</td></tr>
<tr><td>快装接头</td><td>密封是否可靠，装卸是否灵活</td><td>每次</td></tr>
<tr><td rowspan="3">阀门</td><td>手柄密封处有无渗漏</td><td>每天</td></tr>
<tr><td>阀门有无内漏现象</td><td>每天</td></tr>
<tr><td>阀门各连接处有无泄漏现象</td><td>每天</td></tr>
<tr><td>压力表</td><td>各连接处有无泄漏现象</td><td>每天</td></tr>
<tr><td>高压软管</td><td>检查外表面有无凹凸、破裂、折痕、老化以及泄漏</td><td>每天</td></tr>
<tr><td>胶管、垫片</td><td>检查“U”形螺栓与管件间的胶管、垫片有无老化、松脱</td><td>每天</td></tr>
<tr><td>安全仓</td><td>检查安全装置及与端塞连接处有无泄漏</td><td>每天</td></tr>
</table>

二、子站拖车的定期检验

1）瓶式压力容器应到符合现行国家标准《气瓶检验机构技术条件》（GB/T 12135）的且具有省级以上质量技术监督行政部门锅炉压力容器安全监察机构核准资格的检验站定期检验。

2）瓶式压力容器及安全附件的定期检验按国家有关规定执行。

第六节 附属设备的维护保养

一、空气压缩机的维护与保养

（一）维护保养程序

1）每天打开排水阀排水一次，排除储气罐内的冷凝水，储气罐内的压力在 0.1 MPa 左右时打开排水阀效果最好。

2）压力表、气压自动开关、安全阀必须准确灵敏，并经常检查。

3）每月至少清洗一次进气消声过滤器前部的滤板，以防堵塞。

4）机器运转 2 500 h 后检查活塞环、导向环的磨损是否超过临界厚度，如超过应更换，如果继续使用应根据工作情况预算更换时间，做好记录，活塞环工作周期不得超过 8 000 h，导向环不可超过 6 000 h。

5）机器运转 2 500 h 后应检查气阀工作是否正常。如发现阀片损坏或密封不严应及时维修更换。

6）机器运转 2 500 h 后应检查连杆大、小头轴承，主轴承中润滑脂泄漏情况，应注意及时补充润滑脂，保证轴承工作寿命在 6 000 h 内。

7）储气罐每年清洗检查一次，并将检查记录保存。

（二）常见故障处置（表 4-15）

表 4-15 附属设备常见故障处置

序号	常见故障	产生原因	排除方法
1	排气量不足	1. 进气滤清器阻塞。 2. 系统有部位漏气。	1. 清洗。 2. 紧固或维修漏气部位。

续表

序号	常见故障	产生原因	排除方法
1	排气量不足	3. 气阀工作不正常。 4. 活塞环开口安装错误。 5. 活塞环磨损。 6. 上止点间隙过大	3. 清洗或更换。 4. 更正安装位置。 5. 换新活塞环。 6. 调整间隙
2	工作声音不正常	1. 联动部位有松动。 2. 气阀阀片损坏。 3. 活塞环导向环磨损。 4. 轴承磨损或缺润滑脂。 5. 气阀垫子破损，有漏气处。 6. 活塞销磨损	1. 紧固松动。 2. 换新件。 3. 换新件。 4. 换新件或添加润滑脂。 5. 检查更换新件。 6. 换新件
3	电机过热	1. 皮带太紧。 2. 活塞或活塞环被汽缸咬住。 3. 系统通道不畅。 4. 电机发生故障	1. 调整合适。 2. 检查排除。 3. 检查排除。 4. 检查排除
4	排气温度过高	1. 机组周围通风不良。 2. 气阀泄漏。 3. 风扇旋转不对	1. 调整机组至合适位置。 2. 检查维修。 3. 更正

（三）注意事项

1）禁止空压机带电时接触空压机转动部分。

2）每天检查空压机接线，不得有裸露线头。

3）空压机达到使用寿命时需强制报废。

4）空压机每 90 d 更换一次滤芯。

5）空压机每年检查活塞。

二、空气干燥机的维护与保养

（一）维护保养程序

1. 每天保养

每班接班后打开 2 个前置过滤器和 1 个后置过滤器的排污阀进行排污。

2. 每周保养

1）检查设备吸附、再生、切换是否正常。

2）检查干燥器进、出口压力是否在 0.35～0.85 MPa。

3）检查干燥器、消声器是否脏堵。再生压力大于 0.035 MPa 时，更换消声器。

4）检查前置过滤器和后置过滤器压力差是否大于 0.05 MPa。如压力差过大更换过滤器滤芯。

3. 每季度保养

1）检查前置过滤器和后置过滤器滤芯，检查堵塞和损坏情况，根据实际情况进行更换。

2）检查用气管道设备露点情况，水分过高时更换干燥剂。

3）检查干燥机上所有控制阀门有无泄漏。

4. 每年保养

1）关机、断电，关闭进出口总截止阀并完全泄压；打开干燥器填充口，观察干燥剂是否缺损，检查干燥剂，如果干燥剂被油污染或粉化严重，更换干燥剂。

2）拆下并检查进气阀、出气阀、排气阀，检修或更换磨损阀座和密封圈。

（二）常见故障处置（表 4-16）

表 4-16　空气干燥机常见故障处置

序号	常见故障	产生原因	排除方法
1	压缩空气露点不足	1. 吸附剂不足或破碎粉化、失效。 2. 吸附剂被油污染、失效。 3. A 塔、B 塔切换不正常。 4. 再生气没打开或气量过少。 5. 工作压力过低。 6. 消声器出口过高或雨水倒灌	1. 填充吸附剂或更换。 2. 提高除油效果，更换吸附剂。 3. 检查阀门及控制仪。 4. 打开并调整至合理气量。 5. 适当调整压力。 6. 降低高度，防止雨水倒灌
2	切换不正常	1. 智能控制仪故障，程序不对。 2. 控制仪输出端接线有误。 3. 电磁阀损坏、外接线故障。 4. 气动阀失灵或严重泄漏	1. 检查并修复或更换控制仪。 2. 调整电磁阀接线。 3. 更换电磁阀，排除线路故障。 4. 检查并更换破损件
3	流量损失大	1. 出气管径不合要求或不通畅。 2. 再生气量偏大。 3. 管道弯头过多。 4. 阀门损坏	1. 更换、清理及排除。 2. 适当减少再生气量。 3. 适当减少管道弯头。 4. 维修或更换阀门
4	压力降偏大	1. 吸附剂破坏严重。 2. 空气扩散器滤网堵塞。 3. 吸附剂超期或已粉化。 4. 再生气量偏大	1. 消除破损吸附剂并更新。 2. 检查并清除堵塞的滤网。 3. 更换吸附剂。 4. 适当减少再生气量
5	再生压力过高	1. 消声器或连接管堵塞。 2. 再生气量偏大。 3. 阀门损坏	1. 清理或更换消声器，清理堵塞管路。 2. 适当减少再生气量。 3. 维修或更换阀门

（三）注意事项

1）控制阀是吸附干燥机中比较容易损坏的零部件，必须定期进行维护或更换。

2）较容易出现的故障是消声排气通道堵塞。一旦出现故障（堵塞），给整机带来的损伤是致命的，将导致吸附剂再生性能下降，过早老化。

三、不间断电源（UPS）的维护与保养

（一）维护保养程序

1）如果长期不使用 UPS，应每隔 4～6 个月对 UPS 充电 1 次；在高温地区，电池每隔 2 个月充、放电 1 次，每次充电时间不得少于 12 h。

2）正常情况下，电池使用寿命为 3～5 年，如果发现状况不佳，则必须提早更换。

3）正常时（UPS 很少后备供电的前提下），电池每季度充、放电 1 次，放电至关机后连续充电，且标准机充电时间不得少于 12 h。

（二）常见故障处置（表 4-17）

表 4-17 不间断电源（UPS）常见故障处置

序号	常见故障	产生原因	故障处置方法
1	1＃故障指示灯与 6＃灯亮，蜂鸣器长鸣	UPS 因内部过热而告警	确保 UPS 未过载，通风口没有堵塞，室内温度未过高。等待 10 min 让 UPS 冷却，然后重新启动，如失败，与供应商联系
2	1＃故障指示灯与 2＃、5＃灯亮，蜂鸣器长鸣	UPS 输出短路	关闭 UPS，去掉所有负载，确认负载没有故障。重新开机，如失败，与供应商联系

续表

序号	常见故障	产生原因	故障处置方法
3	1#故障指示灯与4#灯亮，UPS长鸣	UPS因内部故障告警	与供应商联系
4	1#故障指示灯与5#灯亮，UPS长鸣	UPS因内部故障告警	与供应商联系
5	市电指示灯闪烁	市电电压或频率超出UPS输入范围	此时UPS正工作于电池模式，保存数据并关闭应用程序，确保市电处于UPS所允许的输入电压或频率范围
6	1#故障指示灯与2#灯亮，UPS长鸣	UPS过载或负载设备故障	检查负载水平并移去非关键性设备，重新计算负载功率并减少连接到UPS的负载数量，检查负载设备有否故障
7	1#故障灯亮，电池灯闪烁，蜂鸣器一秒一叫	UPS充电部分故障	与供应商联系维修
8	电池灯闪烁	电池电压太低	检查UPS电池部分，若电池损坏，速更换电池或确认电池开关是否置于“ON”状态
9	市电正常，UPS不入市电	输入开关置于“OFF”状态	将输入开关置于“ON”状态
10	电池放电时间短	电池充电不足	保持UPS持续连通市电10 h以上，让电池重新充电
		UPS过载	检查负载水平并移去非关键性设备
		电池老化，容量下降	更换电池，同供应商联系，以获得电池及其组件
11	开机键按下后，UPS不能启动	按开机键时间太短	按开机键持续1 s以上，启动UPS
		UPS没有接电池或电池电压低并带载开机	连接好UPS电池，若电池电压低，先充电后再开机
		UPS内部发生故障	与供应商联系维修

（三）注意事项

1）更换电池时，必须由专业人员执行。

2）更换电池时，遵循数量一致、型号一致的原则。

3）电池不宜个别更换，需整体更换，更换时应遵守电池供应商的指示。

4）清理灰尘时严禁使用湿抹布。

5）更换熔断器等电器元件和电线、电缆时，尽量更换同规格、型号元件和电线、电缆，如备品不齐全且生产急需，需用其他规格型号代用时，必须经专责技术人员批准并记录存档。

6）如需要改动柜内接线，必须经专责技术人员批准并记录存档。

7）维修结束后，禁止预约时间送电，必须由维修人员通知操作人员送电。

四、可燃气体报警控制器的维护与保养

（一）维护保养程序

1）每周应对探测器进行巡检，确定探测器显示正常、安装牢固、外观完好，探测器进气口通气良好。

2）每季度应对探测器进气口进行清洗（清洗时应关闭探测器的供电），清洗后安装回原位。如进气口堵塞严重，可联系供应商或厂家进行更换。

3）每年应由具有相关资质的机构对探测器进行 1 次校准或检测。

（二）常见故障处置（表 4-18）

表 4-18　可燃气体报警控制器常见故障处置

序号	故障现象	原因分析	解决方法
1	频繁报断线故障，故障指示灯点亮（黄色）	通信线或电源线接线有问题	检查通信线和电源线

续表

序号	故障现象	原因分析	解决方法
2	某一编址单元反复报断线故障，故障指示灯点亮（黄色）	线路上编址单元地址重复	检查各编址单元的地址，对相同的地址进行重新设置
3	登记不上个别编址单元	接线有问题	检查接线
4	备电故障：故障指示灯和备电故障指示灯均点亮（黄色）	电池欠压或电池损坏	给电池充电 24 h，查看显示电压是否低于 20 V，如果低于 20 V 说明控制器不能充电，此时需联系厂家解决
5	新增加的编址单元不能正常显示	新增加的编址单元连接后未重新登记	重新进行登记
6	控制器反复重启	外部电源输出电流过大，大于 3 A	设置外部电源的最大输出为 3 A。最多可以带 10 个探测器，若因工作需要大于 10 个探测器时，必须外接独立电源

（三）注意事项

1）检测浓度报警低限 20%，报警高限 40%。

2）检测到泄漏时，仪器界面显示泄漏浓度并伴有声光报警。

3）探测器必须可靠接地。

4）维修时不能随意更换或改动影响隔爆性能的器件和结构。

五、便携式可燃气体检测仪的维护与保养

（一）维护保养程序

1）每季度应对探测器进气口进行清洗（清洗时应关闭探测器的供电），清洗后安装回原位。如进气口堵塞严重，可联系代理商或厂

家进行更换。

2）每年应由具有相关资质的机构对探测器进行 1 次校准或检测。

（二）常见故障处置（表 4-19）

表 4-19　便携式可燃气体检测仪常见故障处置

序号	故障现象	原因分析	解决方法
1	无法开机	电压过低	及时充电
		死机	联系经销商或制造商维修
		电路故障	联系经销商或制造商维修
2	对检测气体无反应	延时未结束	等待延时结束
		电路故障	联系经销商或制造商维修
3	显示不准确	传感器超期	联系经销商或制造商更换传感器
		长期未标定	及时标定
4	时间显示错误	电池电量完全耗尽	及时充电并重新设置时间
		强电磁干扰	重新设置时间
5	仪器正常检测界面显示负值浓度	传感器漂移	进行零点校准
6	浓度显示区域显示传感器故障	传感器故障	联系经销商或制造商更换传感器

（三）注意事项

1）防止设备从高处坠落或受剧烈震动。

2）在高浓度气体存在时，或许无法正常使用设备。

3）严格按照说明书操作和使用，否则可能导致检测结果不准确或者损坏设备。

4）设备不得在含有腐蚀性气体（如较高浓度的氯气等）的环境中存放或使用，也不要在其他苛刻环境（包括过高、过低的温度，较高的湿度、电磁场以及强烈的日光）下使用和储藏设备。

5）经长期使用，设备表面有污物时，可用干净的软布蘸水轻轻擦拭，而不要使用带腐蚀性的溶剂和硬物擦拭本机表面，否则可能导致设备表面划伤或损坏。

6）为保证检测精度，设备应定期进行标定，标定周期不得超过1年。

7）将废弃探测器的锂电池和传感器卸掉并送至指定地点，不要随意扔进垃圾桶内。

六、放散系统的维护与保养

（一）维护保养程序

1. 设备定期保养

1）清洗放散管，保证干净无灰尘。

2）检查放散管阀门连接处有无泄漏情况。

2. 设备泄漏维修

应编写检修方案，制定检修工艺，并经有关部门批准。

（二）常见故障处置（表 4-20）

表 4-20　放散系统常见故障处置

序号	故障现象	故障处置方法
1	放散阀连接处泄漏	放散过程中做好气体检测；紧固螺栓
2	上、下游阀门关闭不严	关闭上、下游阀门外围阀门

（三）注意事项

1）放散前应对放散阀及管件进行安全检查，操作人员应站在阀门侧面进行操作，平稳开关。

2）放散管排放处 50 m 内不得有闲杂人员走动，放散量较大时，应分几次进行。

七、排污系统的维护与保养

（一）维护保养程序

设备定期保养。检查排污系统连接处有无泄漏情况。

（二）常见故障处置（表 4-21）

表 4-21　排污系统常见故障处置

序号	故障现象	故障处置方法
1	差压表计量不准确	定期进行校验
2	检测浓度时检测仪失效	定时校验，确保在有效期内

（三）注意事项

1）排污前应对排污阀门及管件进行安全检查，操作人员应站在阀门侧面进行操作，平稳开关。

2）排污池 50 m 内不得有闲杂人员走动，排污量较大时，应分几次进行。

第五章

压缩天然气场站自控系统

近年来，由于自动化技术的迅猛发展，自动化技术已被广泛应用于压缩天然气场站生产过程中。在场站设备、装置及管道上，配置一些自动化装置，替代人工的部分直接劳动，使工艺条件能自动地控制在规定的数值范围内并维持正常状态，保障整个生产过程稳定安全地运行。

压缩天然气场站的自控系统包括检测仪表、控制器和执行器三大部分，可完成测量、 显示和记录生产过程中的重要工艺参数；对场站生产过程进行全面、实时、动态监控，及时准确地了解与掌握生产过程的运行情况；实现自动操控现场设备的启停、阀门的启闭等动作；如遇紧急状况还能实现快速控制，保证生产过程的安全性。

第一节　常用仪器仪表

压力检测仪表主要分为两大类：一类为就地检测仪表，即现场所看到的普通压力表，只能就地读取数据；另一类为支持远传的压力变送器，可将数据上传到控制器进行显示和控制。

一、就地压力表

场站常见的就地压力表内部的核心元件叫作弹性元件，通过弹性元件的形变来指示压力示数。常用的弹性元件分为 3 种：一是弹簧管式弹性元件，是弯成圆弧形的金属管，它的截面为扁圆形或椭圆形，如图 5-1（a）所示。二是薄膜式弹性元件，根据结构不同可分为膜片与膜盒等，如图 5-1（b）所示。膜片是由金属或非金属材料做成的具有弹性的元件，膜盒是沿两张金属膜片外沿对焊组成的盒装弹性元件，盒内充液体（如硅油）。三是波纹管式弹性元件，一个周围为波纹状的薄壁金属体，如图 5-1（c）所示。根据弹性元件的不同，制成了不同的压力表。

(a)　(b)　(c)

图 5-1　弹性元件

1. 普通波登管（弹簧管）压力表

弹簧管压力表结构如图 5-2 所示，弹簧管 1 是一根弯成 270° 的圆弧形空心金属管子。管子一端固定在接头 9 上，称为固定端；另一端为自由端，当有压力通入弹簧管时，自由端可向外发生扩张形变，从而带动连接传动机构（拉杆 2、扇形齿轮 3、中心齿轮 4）和指针 5 偏转指示数。自由端的形变位移与输入压力成正比，刻度标尺是线性的，这就是弹簧管压力表的工作原理。

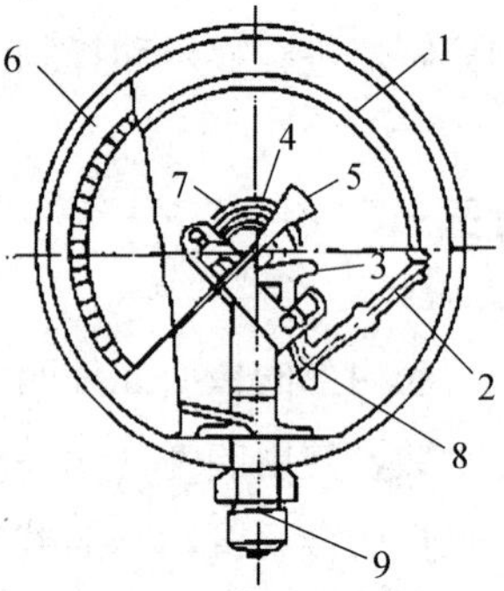

1—弹簧管；2—拉杆；3—扇形齿轮；4—中心齿轮；5—指针；6—面板；
7—游丝；8—调整螺钉；9—接头。

图 5-2　弹簧管压力表结构

自由端带动传动机构的具体过程解释如下：弹簧管自由端的位移通过拉杆 2 使扇形齿轮 3 做逆时针偏转，而指针 5 通过中心齿轮 4 的带动而做顺时针旋转，在面板 6 的刻度标尺上显示出被测压力 P 的数值。

游丝 7 用来克服因扇形齿轮和中心齿轮间的传动间隙而产生的仪表变差，改变调整螺钉 8 的位置，可以实现压力表量程的调整。

弹簧管压力表因介质直接通入弹簧管中，故适用测量无爆炸、不结晶、不凝固，对铜和铜合金无腐蚀作用的液体、气体或蒸汽的压力。弹簧管压力表的延伸产品有弹簧管耐震压力表、弹簧管膜盒压力表、弹簧管隔膜压力表、不锈钢弹簧管压力表、弹簧管电接点压力表等。

弹簧管压力表因结构简单、量程范围大、较为灵敏等优点，是压缩天然气场站最常用的就地测压仪表。

2. 膜片式压力表

膜片式压力表结构如图 5-3 所示，膜片式压力表主要由下接体、上接体、弹性膜片、连杆、机芯、指针、表盘等组成。在压力作用下，被测量工作介质直接作用在弹性膜片上，膜片向上（测量正压）或者向下（测量负压）产生弹性形变，借助固定在膜片中心的连杆机构带动机芯齿轮轴旋转，使指针在刻度盘上指示出被测压力值。

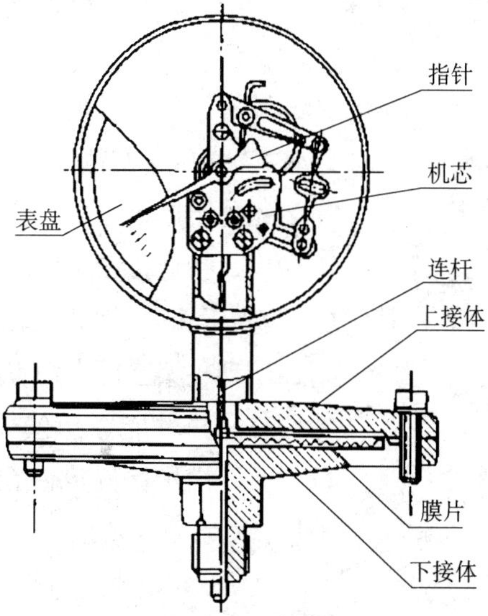

图 5-3　膜片式压力表结构

膜片式压力表可用于测量黏度大、易结晶、腐蚀性大、温度较高的液体、气体或颗粒状固体介质的压力。隔离膜片有多种材料，以适应各种不同腐蚀性介质。由于膜片固定在上、下接体（法兰结构）中，其形变量不如弹簧管的形变位移大，因此膜片压力表还适用于微压（千帕级压力）测量系统。

3. 差压表

差压表用于化工、化纤、冶金、电力、核电等工业部门的工艺流程中测量各种液（气）体介质的差压、流量等参数。仪表内部全部采用不锈钢制成，用双波纹管结构，即 2 根波纹管分别安装在“工”字形支架两侧的对称位置上。“工”字形支架的上、下两端分别为活动端和固定端，中间由弹簧片连接；两只波纹管呈平行状态，分别用导管与表壳上的高、低压接头相连接；齿轮传动机构直接安装在支架的固定端，并通过拉杆与支架的活动端相连接；度盘则直接固定在齿轮传动机构上。

图 5-4 就地差压

基于感压元件采用两只相同刚度的波纹管，当作用于两侧波纹管的压力相同时，支架还处于原始位置，这样齿轮传动机构不动作，指针指在零位。当施加不同压力（一般高压端高于低压端）时，两波纹管作用在活动支架上的力则不相等，产生相应的位移，同时带动齿轮转动机构转动并予以放大，由指针偏转后指示出两者之间的差压，如图 5-4 所示。

二、压力/差压变送器

变送器是一种能够把各种工艺参数（如压力、温度、液位、流量）等变成统一标准电信号（4～20 mA），并进行远距离传输的测量仪表。采用标准电信号是自动化仪表的要求，方便实现不同厂家仪表及系统的互联。

压力变送器就是将压力数据转化为 4～20 mA 标准电信号，一般情况下，二者之间呈线性的连续函数关系。例如，一个压力变送器的量程为 5 MPa，经过变送器转换后可将压力信号转化为 20 mA 的直流电流反馈到控制器中。也就是说，当压力变送器检测到的压力为 0 MPa 时，连接变送器的通信电缆会产生 4 mA 的电流送给控制器；当压力变送器检测到的压力为 5 MPa 时，连接变送器的通信电缆会产生 20 mA 的电流送给控制器，压力与变送器产生的电流之间是一个线性关系。

根据测量原理的不同，压力/差压变送器可分为电容式、电阻式、电感式、霍尔式等形式，在压缩天然气场站中常用的是电容式压力/差压变送器。

电容式压力/差压变送器的工作原理如图 5-5 所示。测量膜盒充以灌装液（硅油），感压极板为一金属膜片，在压力作用下可发生左右偏移。感压极板和两边弧形固定电容极板分别形成左侧电容 C_1 和右侧电容 C_2。在无压力情况下，左、右两侧电容极板间距相等，差动电容量（C_1 和 C_2 之差）为 0；当被测压力通过导管进入变送器正（左侧）压室、负（右侧）压室时，感压极板发生向一侧偏移，则左、右两侧电容极板间距发生变化，C_1 和 C_2 电容量不再相等，差动电容量的变化经信号引出线传递并放大，转换为 4～20 mA DC 信号输出。

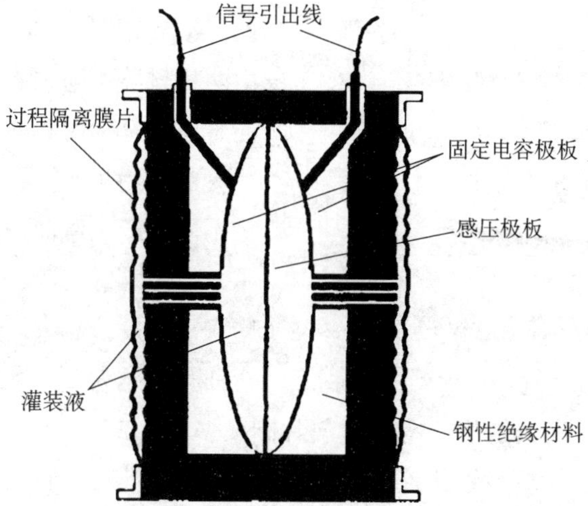

图 5-5　电容式压力/差压变送器的工作原理

由于测量膜片采用标准化集成电路，内部包含线性及温度补偿电路，所以可以做到高精度和高稳定性，变送电路采用专用的两线制芯片，可以保证输出两线制 4～20 mA 电流信号，方便现场接线。

三、温度检测仪表

测温仪表的种类很多，按测量方式可分为接触式与非接触式；按工作原理可分为膨胀式、压力式、热电阻、热电偶以及辐射式等。压缩天然气场站常见的测温仪表有双金属温度计（就地测温）、热电阻温度计和热电偶温度计（远传控制）。

1. 双金属温度计

玻璃管温度计是利用液体受热膨胀的原理制成的，而双金属温度计是利用固体受热膨胀的原理制成的，二者都属于膨胀式温度计。

双金属温度计是一种测量中低温度的就地检测仪表，可以直接测量各种生产过程中−80～500℃的液体蒸汽和气体介质温度。其结构简单、读数方便，被广泛应用于场站。双金属温度计的感温元件是由两种材质不同、膨胀系数不同的金属片叠制而成的。当双金属片受热后，两个金属片膨胀形变量不同可产生弯曲，如图 5-6 所示，温度越高，双金属片产生的膨胀形变差值越大，从而引起的弯曲角度越大。

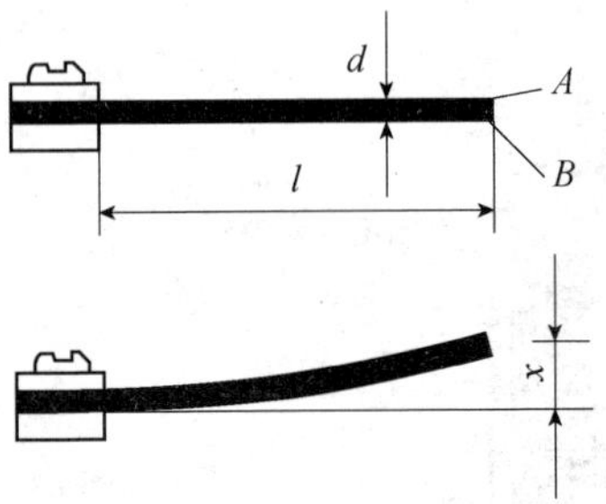

图 5-6　双金属温度计工作原理

为了提高灵敏度，将双金属片制成多圈螺旋形，一端固定，另一端为自由端与芯轴相连，轴向型双金属温度计的指针直接装在芯轴上，如图 5-7 所示。当温度变化时，双金属元件自由端旋转，经芯轴带动指针在刻度盘平面上发生偏转，指示出被测介质温度的变化值。

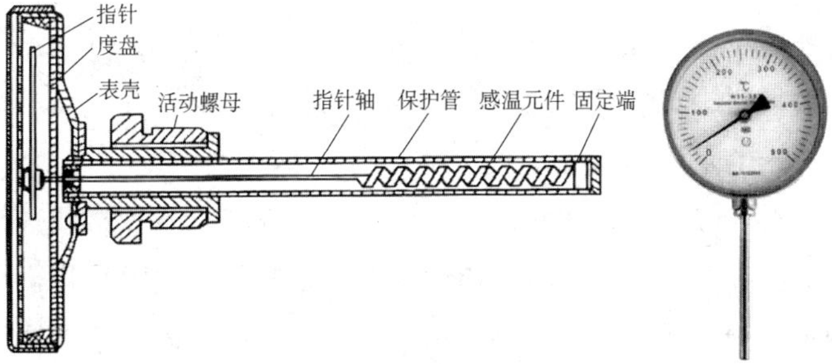

图 5-7　双金属温度计结构

2. 热电阻温度计

热电阻温度计适用于 500℃以下的中、低温测量，它由热电阻、连接导线及显示仪表组成，是基于金属导体的电阻值随温度的增加而增加的特性来进行温度的测量。由于电阻信号具有较好的稳定性，故便于远距离显示或传送信号。

（1）常用热电阻

对于热电阻丝的选用要考虑很多因素，例如，应具有稳定的物理及化学特性，随温度的变化最好呈线性关系，要容易加工并考虑经济因素。目前，应用最广泛的热电阻材料是铂和铜。

1）铂热电阻。铂热电阻的线性较好，测量精度较高，性能可靠，抗氧化性好，物理性能和化学性能稳定，使用温度范围为−200～600℃。

一般工业上常用的铂热电阻的分度号是 Pt100 和 Pt10，代表在 0℃时的电阻值分别为 R_0=100 Ω 和 R_0=10 Ω，以压缩天然气场站常用的热电阻 Pt100 为例，其随温度变化的特性可归纳为温度每升高 1°C，电阻值增加 0. 38～0. 39 Ω，由于 Pt100 的温度线性非常优良，所以被广泛应用。不同分度号的铂热电阻因为 R_0 不同，随温度变化的电阻值也不相同，因此电阻与温度的关系及分度表不同。

2）铜热电阻。铜热电阻的测温范围为−50～150°C，它的特点是材料易提纯，价格便宜，但它的电阻率低、易氧化，所以在温度不高的工况环境下可采用铜热电阻。我国工业铜热电阻的分度号有 Cu50 和 Cu100 两种，即在 0°C 时电阻值 R_0 分别为 50 Ω 和 100 Ω。

（2）热电阻的结构

热电阻一般由电阻体、引线、绝缘子、保护套管及接线盒组成，如图 5-8 所示，可分为普通型和铠装型。铠装型热电阻是将引线、绝缘子和保护套管利用整体拉伸工艺加工而成的。其优点是外形尺寸小、反应速度快、抗震性强，适用于安装在结构较为复杂的工艺生产条件下。

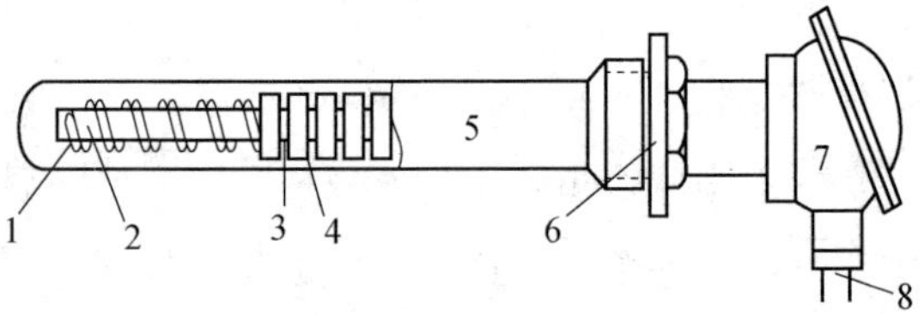

1—热电阻丝；2—电阻体支架；3—引线；4—绝缘瓷管；
5—保护套管；6—连接法兰；7—接线盒；8—引线孔。

图 5-8　普通型热电阻结构

1）电阻体：检测温度。

2）引线：将热电阻接线端引至接线盒，仪表与外部导线及显示仪表连接。为了减小或消除导线电阻变化所引起的测量误差，可采用三线制接法与外部显示仪表或控制器相连。

3）绝缘子：保护电阻体，防止电阻体与保护套管之间形成短路。

4）保护套管：套在电阻体及绝缘子外面，保护电阻体不受化学腐蚀和机械损伤。

3. 热电偶温度计

热电偶温度计是基于热电效应这一原理，将温度信号转化为热电势信号进行测温的。它是一种较为理想的高温测量仪表。

（1）热电效应及测温原理

如图 5-9 所示，两种材质不同的导体（或半导体）两端相连，其中一端加热，另一端不加热，由于两端存在温差，则在该回路中产生电流，即产生热电势，这就是热电效应原理。

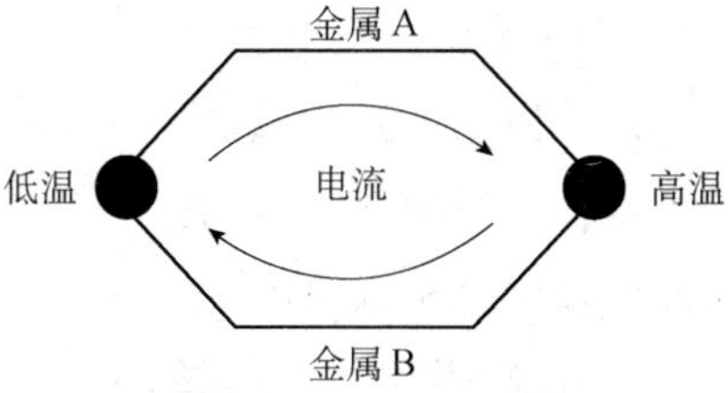

图 5-9　热电效应原理

热电偶的核心结构就是两种材质不同的导体，称为热电极，焊接的一端与被测介质充分接触，感受被测温度，称为工作端或热端；另一端与导线相连，称为自由端或冷端，自由端通常处于一个恒定温度下。回路中的热电势与温度呈函数关系，制成热电偶分布表。

（2）插入第三种导体的问题

利用热电偶测温时，必然将自由端断开，连接外部导线及显示仪表来测量热电势数值，如图 5-10 所示，这样就在两个热电极组成的回路中加入了第三种导体。试验表明，接入第三种导体或其他设备并不会影响热电势值，只要保证引入导体的两端温度相同，以及保证工作端及自由端的温度差值，则对原热电偶所产生的热电势数值并无影响。

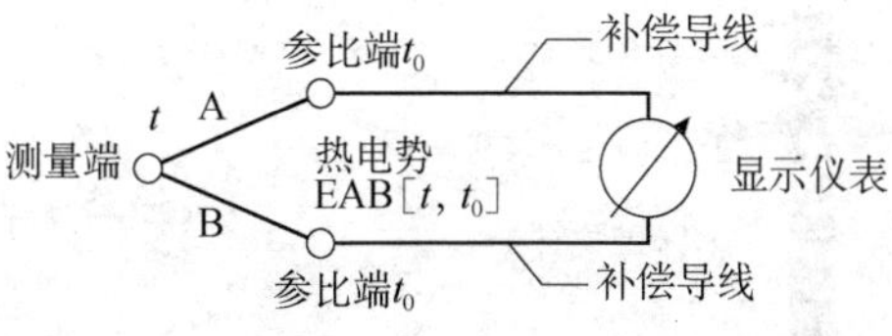

图 5-10　连接外部导线及电路的测温电路

（3）补偿导线

根据热电偶的工作原理可知，只有当冷端温度恒定时，测量的热电势与温度值才呈单一函数关系。但实际应用中，热电偶一般做得比较短，冷端与工作端的距离较近，很难保证冷端温度的恒定；如果将热电偶做得很长，很多热电极属于贵金属，成本增加，而且不易敷设。因此可以利用“插入第三种导体不影响热电势数值”的原理，采用一种专门的导线将热电偶的冷端延伸出来，这种导线也是由两种材料制成的，具有与热电极十分相似的特性，且价格低廉，称之为补偿导线，如图 5-11 所示。

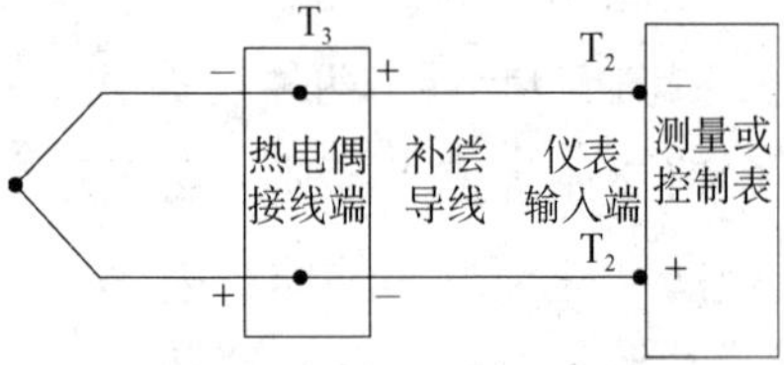

图 5-11　热电偶补偿导线

（4）热电偶的结构

常用的热电偶种类较多，如铂铑 30−铂铑 6、铂铑 30−铂、镍铬−镍硅等。其结构如热电阻也分为普通型和铠装型，如图 5-12 所示。其中绝缘珠管、保护套管的作用与热电阻相同，接线盒是供热电极和补偿导线连接所用。

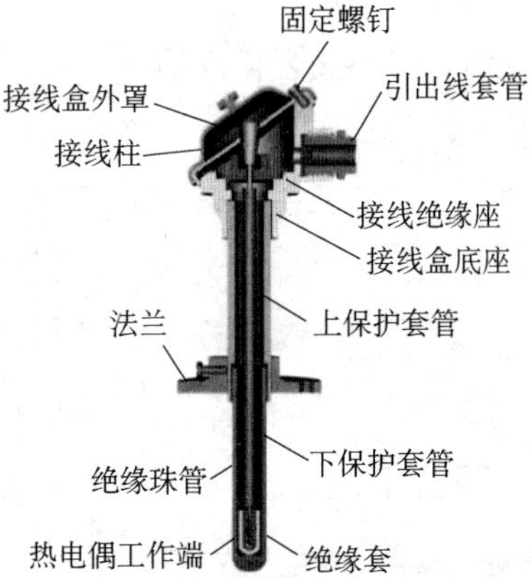

图 5-12　热电偶的结构

4. 温度变送器

如果将热电阻、热电偶作为一次元件，配合变送单元，将电阻值或热电势值转化为 4～20 mA 的标准电信号，进行温度的显示和控制，即为温度变送器。温度变送器也是两线制传输，同压力变送器。

图 5-13 为现场温度变送器，将后盖打开可见其中 2 根白线和 2 根红线将热电阻接入变送器电路中，另外 2 根较粗的线为通信电缆，承载变送器输出的 4～20 mA 的电流信号，送入控制器 PLC 中。

图 5-13　现场温度变送器

四、流量监测仪表

质量流量计是直接测量单位时间内所流过的介质的质量，即质量流量 M。相比涡轮流量计、孔板流量计等测量体积流量 Q 来说，后者测得的体积流量需乘以介质的密度才能换算成质量流量计，而介质密度会受工作压力、温度、成分等许多因素的影响，需要进行修正，往往会使测量结果产生较大的测量误差。质量流量计省去了烦琐的换算和修正，能从根本上提高测量精度。质量流量计的形式很多，压缩天然气加气机里常用的是科里奥利质量流量计。

科里奥利质量流量计内部装有一根测量管，测量管中心位置有一电磁线圈，按固有频率振动并使得测量管始终保持振动。如果测量管内没有流体流动，测量管将均匀振动。测量管入口和出口处各装有一个相位传感器，可以将振动情况准确地记录下来。

当测量管中开始有流体流动时，由于流体的惯性作用，可在测量管两侧形成大小相等、方向相反的科氏力，使得测量管的振动产生扭曲，即该管道的入口和出口处在同一时刻分别朝不同的方向振动（产生相位差）。相位传感器通过记录相位差，可直接测算出当前流过管道内的液体或气体的质量。流速越快，测量管两侧扭曲的角度越大，相位差越大。

科里奥利质量流量计的应用不只限于此，它还可以同时用于测量流体的密度。传感器需要记录测量管的振动频率，也就是 1 s 振动的次数，密度越大，振动频率越高。

第二节　数据采集和控制系统

数据采集和控制（Supervisory Control and Data Acquisition，SCADA）系统是建立在计算机基础之上的自动化监控系统，主要任务是采集和管理各个生产环节的实时生产数据，对生产过程进行监视和控制，并保存历史数据和故障事件，提供报表输出和计算、分析。

SCADA 系统作为生产过程和事务管理自动化最为有效的计算机软硬件系统之一，它有两层含义：一层是分布式的数据采集系统，即智能数据采集系统，也就是通常所说的下位机；另一层是数据处理和显示系统，即上位机人机界面（Human Machine Interface，HMI）系统，下位机通常是指硬件层上的，即各种数据采集设备，如远程终端测控单元（Remote Terminal Unit，RTU）、PLC 及各种智能控制设备等。这些智能采集设备与生产过程和事务管理的设备或仪表相结合，实时感知设备中各种参数的状态，并将这些状态信号转换成数字信号，通过特定的数字通信网络传递到 HMI 系统中；必要时，这些智能系统也可以向设备发送控制信号。上位机 HMI 系统在接收这些信息后，以适当的形式（如声音、图形、图像等方式）显示给用户，以达到监视的目的，同时数据经过处理后，告知用户设备各种参数的状态（报警、正常或报警恢复）。这些处理后的数据可能会保存到数据库中，也可能通过网络系统传输到不同的监控平台上，还可能与别的系统（如 MIS、GIS）结合形成功能更加强大的系统，HMI 还可以接受操作人员的指令，将相应的控制信号发送到下位机中，以达到控制的目的。

一个完善的 SCADA 系统的建立，依托于高精度、智能化的一次仪表获取信息，准确无误的通信手段传输数据和高效快捷的计算机处理能力。SCADA 系统所涉及的技术比较广泛，有仪表技术、检测技术、通信技术、网络技术等。

SCADA 系统一般由企业生产调度指挥中心、分厂测控站、管网测压点等组成。它所具有的功能一般包括数据采集控制功能，数据传输功能，数据显示及分析功能，报警功能，历史数据的存储、检索、查询功能，报表显示及打印功能，遥控功能，网络功能等。

一、下位机 PLC 控制

SCADA 系统的核心“大脑”即为下位机。目前，压缩天然气场站常用的下位机硬件多数为 PLC 控制设备，本章以西门子 S7-300 PLC 为例介绍现场检测仪表、执行机构与 PLC 控制设备的连接及控制原理。

1. 变送器的数据反馈

变送器的数据以模拟量输入信号，通过通信电缆连接到 PLC 的 AI 模块上。变送器的数据传输最常见的方式是二线制和四线制。二线制，既为电源线又是信号线；四线制是信号线两根，与AI模块相连，其余两根线为电源线，需外部供24 V直流电。场站中的变送器一般使用的是二线制传输。

为了保证通信传输的安全性，整个接线流程如图5-14所示：现场变送器要经过现场防爆接线盒后，进入PLC控制柜中，再经过控制柜内接线端子、安全隔离栅后才连接到西门子S7-300PLC的AI模块上。

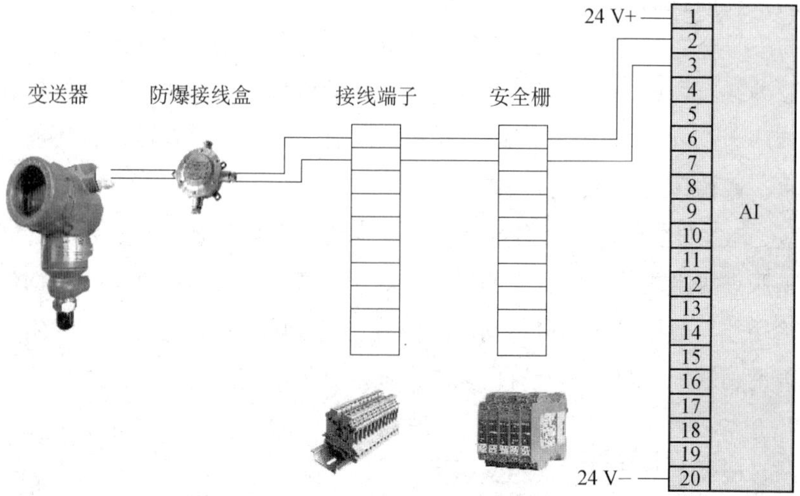

图5-14　变送器与PLC的连接流程

一个AI模块（型号为AI8×12BIT）有20个接线引脚，其中1号引脚和20号引脚分别连接外部电源提供的24 V+和24 V−，此时AI模块2号、3号之间就组成了第一个通信通道，即为变送器提供24 V电源，同时接收变送器反馈回来的4～20 mA的信号，若PLC连接上位机，此时上位机就可以显示现场变送器所反馈的参数，如图5-15所示。

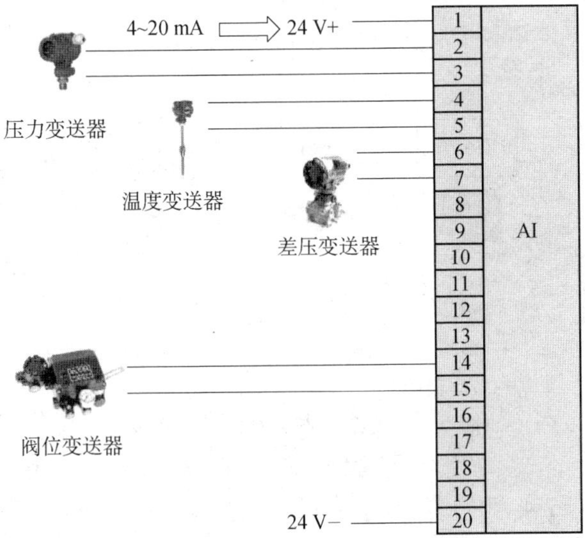

图 5-15　检测仪表数据反馈原理

依此类推，4 号、5 号为第二个通道，6 号、7 号为第三个通道，8 号、9 号为第四个通道，其中 10 号、11 号不接，12 号、13 号为第五个通道，14 号、15 号为第六个通道，16 号、17 号为第七个通道，18 号、19 号为第八个通道，这就表示此类 AI 模块可以同时连接 8 个现场变送器，处理 8 组模拟量输入信号。

变送器与 PLC 的 AI 模块之间接入安全隔离栅的作用：限流限压，保证现场仪表可得到的能量在安全范围内。现场仪表回路中如果出现短路等故障现象，安全栅可以限制短路电流在一定范围内，不会损坏 PLC。

2. 执行机构开度调节控制

执行机构开度调节属于模拟量输出控制，其接线流程如图 5-16 所示。AO 模块输出标准电流/电压信号，传送给现场电气阀门定位器，从而实现阀门开度的调节。值得注意的是 AO 模块型号不同，接线引脚不同，具体请参考所使用模块的接线示意图。

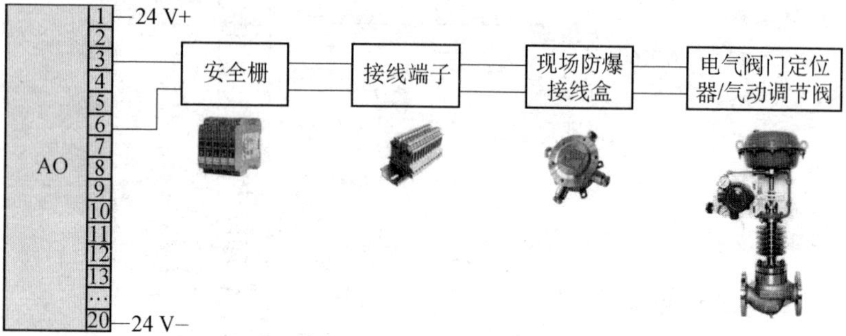

图 5-16　执行机构开度调节控制原理

3. 执行机构的开关阀控制

执行机构的开关阀控制属于数字量输出信号，通过 PLC 的 DO 模块实现远程控制。

（1）电动球阀的开关阀控制

电动球阀是通过交流电机的正、反转来完成开阀和关阀的。电机的启停是由接触器 KM 来控制的，一般接触器 KM 线圈的供电电源是 220 V/380 V AC，而 PLC 的 DO 模块的工作电压是 DC 24 V，将控制交流电机的接触器 KM 线圈与 PLC 直接相连显然是不可能的。因此，需要引入一种中间电气设备——继电器 KD，作为 KM 线圈和 DO 模块的通信桥梁。它实际上是用小电流去控制大电流运作的一种“自动开关”，故在电路中起着自动调节、安全保护、转换电路等作用。

如图 5-17 和图 5-18 所示，继电器 KD 的结构及工作原理与接触器 KM 类似，也是由电磁部分（线圈、铁芯）和触头部分组成的，通过电磁感应，实现触头动作。KD 的 24 V 电磁线圈正、负极接线点，与电磁线圈并联的是一个发光二极管，用来显示线圈是否得电。

图 5-17　继电器 KD

具体工作过程可表述如下：当一触点接入 24 V +、另一触点接入 24 V 时，KD 线圈得电同时发光二极管灯亮，此时两组常开触头闭合，两组常闭触头断开。

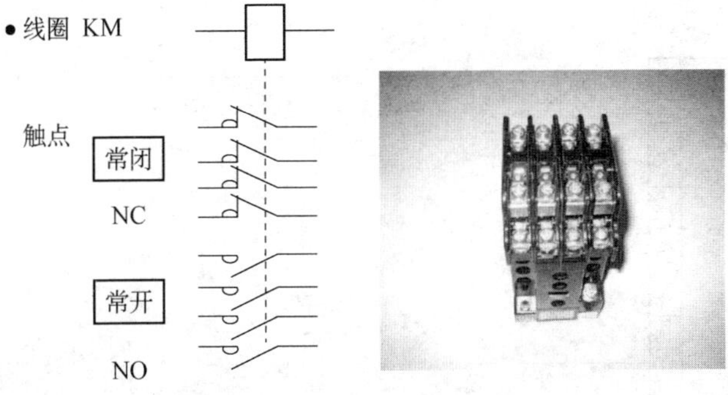

图 5-18　继电器 KD 线圈及触头

如果我们将 PLC 的 DO 模块与 KD 线圈相连，并将 KD 的一组常开触头串接入接触器 KM 线圈的控制回路中，那么，当 DO 模块输出 DC 24 V 使 KD 线圈通电后，常开触头会立刻闭合，接触器 KM 线圈得电，则接触器 KM 主触头闭合，电机得电转动，这就是 PLC 远程控制电机启停的工作原理（图 5-19）。

PLC 控制柜内的接线如图 5-20 所示。DO 模块的供电接线为：1 号点和 10 号点分别接入直流电流（将 AC 220 V 转换为 DC 24 V）的

24 V+、24 V−。此时 2 号点、3 号点等均可输入 24 V+，连接 KD 继电器线圈的 14 号点、13 号点连接 24 V−，则构成完整的 24 V 回路。

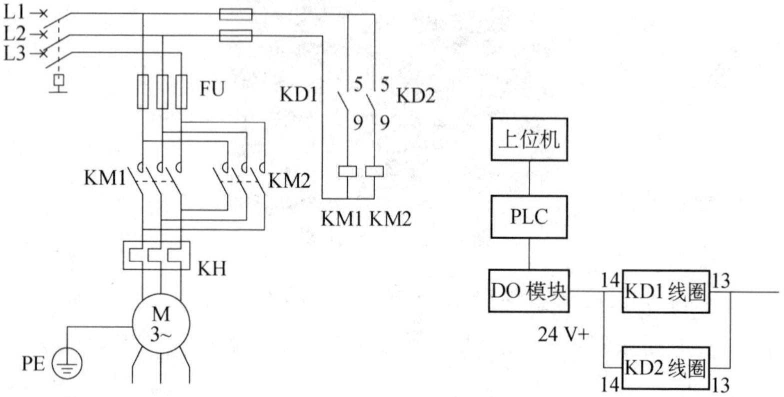

图 5-19　PLC 远程控制电机启停的工作原理

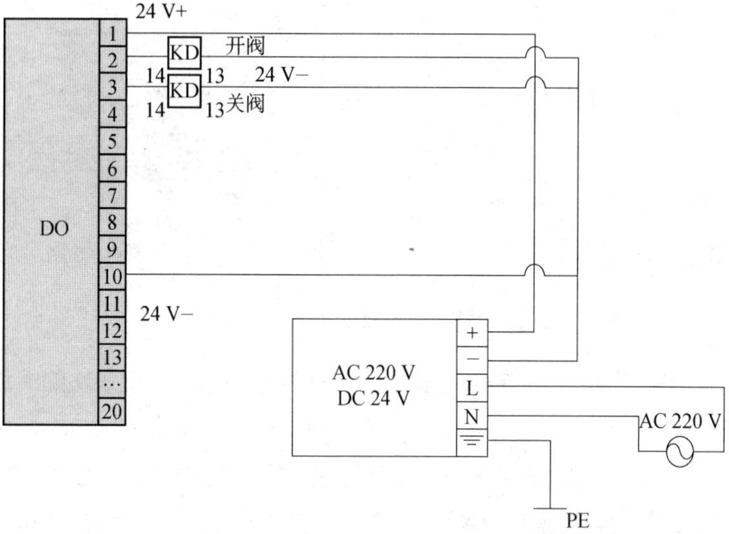

图 5-20　PLC 控制电机启停的现场接线

（2）气动切断阀的开关阀控制

PLC 气动切断阀的开关阀主要是控制电磁阀的通断电，而电磁阀的通断电也是通过 KD 继电器线圈得电，常开触头闭合来实现的，现场接线如图 5-21 所示。

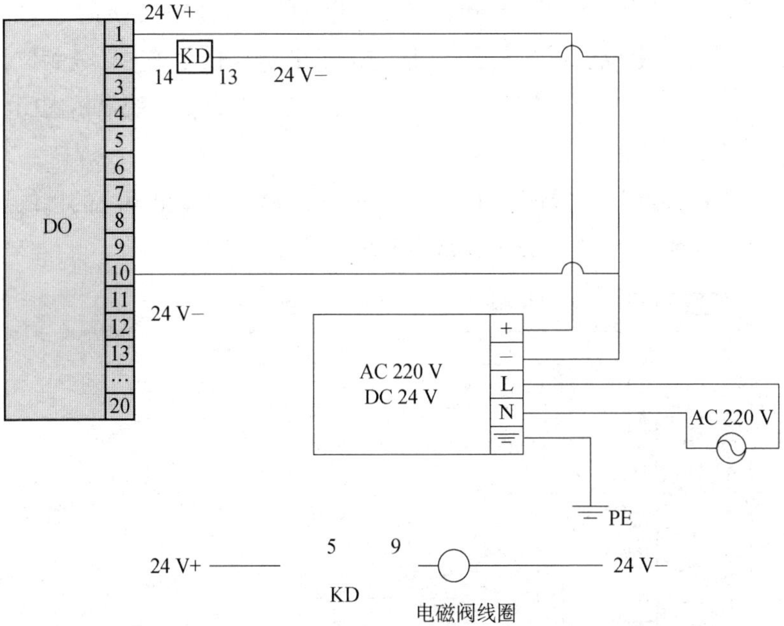

图 5-21　PLC 控制气动切断阀的现场接线

当在上位机系统点击画面控制阀门开启时，PLC 的 DO 模块输出 24 V +到 KD · 142 线圈的 14 号点，由于 KD 线圈本身 13 号点已经连接 24 V−，所以 KD 线圈得电。KD 线圈得电致使其常开触头 5、9 闭合，与电磁阀线圈及外接 24 V 电源构成闭合回路，则电磁阀线圈得电，仪表空气通过气动三联件过滤减压后，进入电磁阀，后进入气动执行器，气动阀体动作，开阀。

当上位机系统点击画面控制阀门关闭时，PLC 的 DO 输出模块停止供 24 V +，KD 线圈失电，同时 5、9 常开触头由刚才的闭合状态转为断开，电磁阀线圈失电，气动执行器内部弹簧复位，使气动阀门关闭。

4. 开关到位/切断反馈

由外部提供的24 V+连接到电动/气动执行器阀门位置反馈的行程开关上，当阀门全开时，开到位行程开关闭合，24 V+连接到PLC的DI模块上，上位机系统显示阀门状态绿色；当阀门全关时，关到位行程开关闭合，24 V+连接到PLC的DI模块上，上位机系统显示阀门状态红色（图5-22）。

PLC接线均依照西门子S7-300 PLC的输入、输出模块的接线要求，可参照“西门子S7-300常用模块接线参考图”。

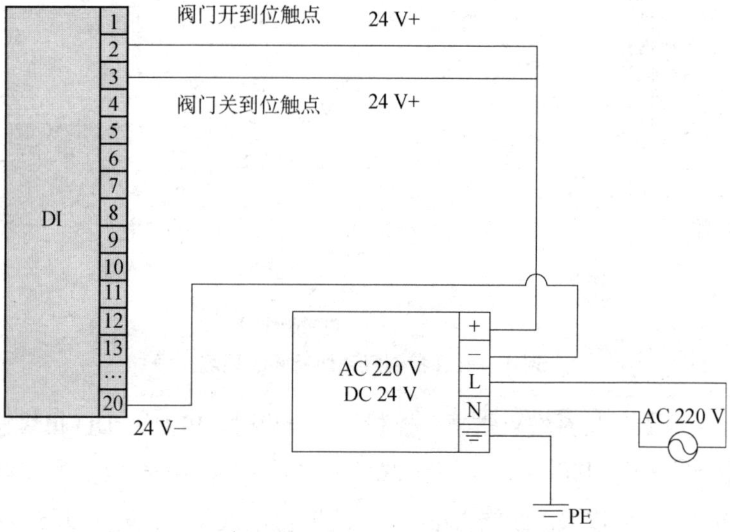

图5-22 PLC控制开关到位/切断反馈的现场接线

二、上位机人机界面

软件界面作为人机接口起着越来越重要的作用，对于工业自动控制系统，该部分的简洁性和可靠性直接影响操作人员的具体操作，从而直接影响工程上所要求的安全。在整个系统的设计中应充分考虑企业需求，力求给用户一个友好又安全的界面系统。

根据场站的实际需求，利用组态软件，可定制化开发可操作性强的人机界面，使操作人员整体掌握整个压缩天然气场站的工艺实时系统的真实情况。目前，常见的组态系统主要分为两大部分，即详细信息部分和用户管理部分。其中，详细信息部分可包括“场站工艺流程图”“实时数据表”部分；用户管理部分可包括“用户登录”“注销用户”“更改密码”“退出系统”等部分，可通过设置登录密码来实现操作人员的权限控制，保证系统的安全（图 5-23）。

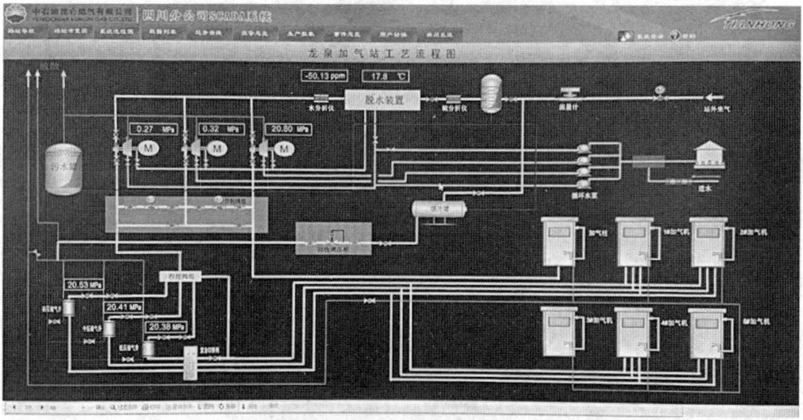

图 5-23　压缩天然气场站工艺流程主界面

图 5-23 为某压缩天然气场站所开发的工艺流程主界面，主要显示了计量仪表的数值、阀的状态（开、关），以及设备的信息。具体可实现的功能如下：

1）利用颜色的不同来显示阀门的开关，以及阀后管道的供气状态。

2）可设置 ESD 紧急动作信号。如指示灯显示绿色为正常，无动作；显示红色并闪烁时，说明 ESD 系统紧急动作信号被触发。

3）对重要阀门的远程控制设置操作权限。具有权限的管理员需通过密码登录才能对阀门进行远程控制。

4）管理员用户可以在工艺流程图上对手动阀门的开关状态进行修改。

除此之外，操作人员点击某一设备，即可弹出设备信息窗口，通过窗口操作人员可以查询设备信息［图 5-24（a）］。同时，在界面右上方，点击不同的按钮可查看“设备维护”“数据列表”“报警总览”“生产报表”等信息［图 5-24（b）］。

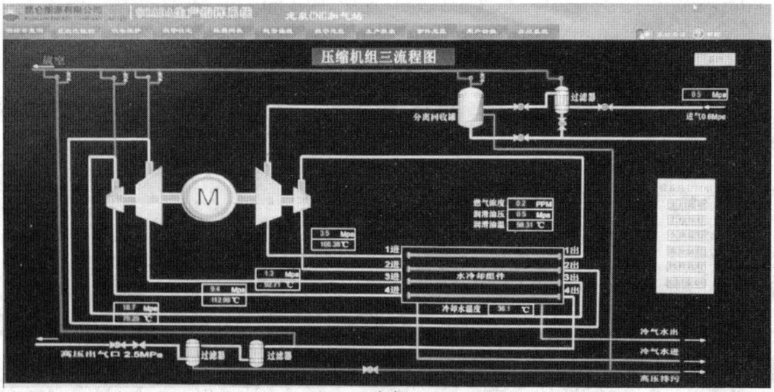

(a)

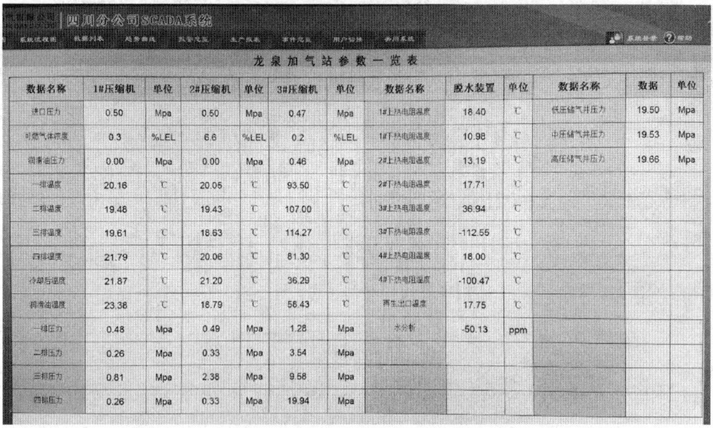

数据名称	1#压缩机	单位	2#压缩机	单位	3#压缩机	单位	数据名称	脱水装置	单位	数据名称	数据	单位
进口压力	0.50	Mpa	0.50	Mpa	0.47	Mpa	1#上热电阻温度	18.40	℃	低压储气井压力	19.50	Mpa
可燃气体浓度	0.3	%LEL	6.6	%LEL	0.2	%LEL	1#下热电阻温度	10.98	℃	中压储气井压力	19.53	Mpa
润滑油压力	0.00	Mpa	0.00	Mpa	0.46	Mpa	2#上热电阻温度	13.19	℃	高压储气井压力	19.66	Mpa
一排温度	20.16	℃	20.05	℃	93.50	℃	2#下热电阻温度	17.71	℃			
二排温度	19.48	℃	19.43	℃	107.00	℃	3#上热电阻温度	36.94	℃			
三排温度	19.61	℃	18.63	℃	114.27	℃	3#下热电阻温度	-112.55	℃			
四排温度	21.79	℃	20.06	℃	81.30	℃	4#上热电阻温度	18.00	℃			
冷却后温度	21.87	℃	21.20	℃	36.29	℃	4#下热电阻温度	-100.47	℃			
润滑油温度	23.38	℃	18.79	℃	56.43	℃	再生出口温度	17.75	℃			
一排压力	0.48	Mpa	0.49	Mpa	1.28	Mpa	水分析	-50.13	ppm			
二排压力	0.26	Mpa	0.33	Mpa	3.54	Mpa						
三排压力	0.81	Mpa	2.38	Mpa	9.58	Mpa						
四排压力	0.26	Mpa	0.33	Mpa	19.94	Mpa						

(b)

图 5-24　压缩天然气场站设备信息窗口

压缩天然气场站设备信息界面如图 5-28 所示。

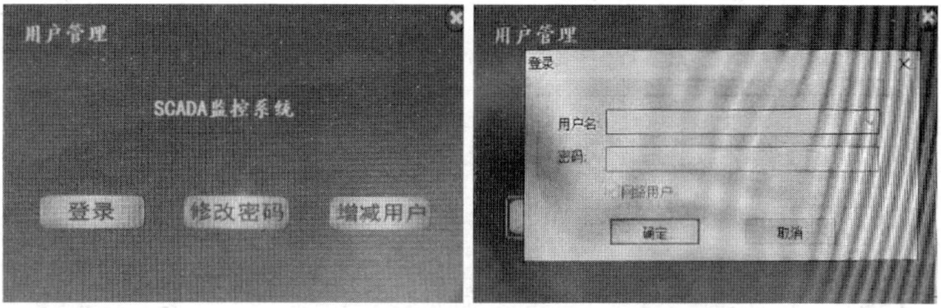

图 5-25　压缩天然气场站设备信息窗口

第三节　火灾报警系统

火灾报警系统由气体探测器、气体报警控制器和火灾声光警报器组成，能够在保护区域内泄漏气体的浓度低于爆炸下限的条件下提前报警，从而预防由于可燃气体泄漏引发的火灾和爆炸事故的发生。

一、探测器种类

探测器主要有 7 种：测量范围为 0～100% LEL （可燃气体的爆炸下限）的点型可燃气体探测器，测量范围为 0～100% LEL 的独立式可燃气体探测器，测量范围为 0～100% LEL 的便捷式可燃气体探测器，测量人工煤气的点型可燃气体探测器，测量人工煤气的独立式可燃气体探测器，测量人工煤气的便捷式可燃气体探测器，线型可燃气体探测器。

1. 探测器分类

按防爆要求分类：①防爆型可燃气体探测器；②非防爆型可燃气体探测器。

按使用方式分类：①固定式可燃气体探测器；②便捷式可燃气体探测器。

按探测器的分布特点分类：①点型可燃气体探测器；②线型可燃气体探测器。

按探测气体特征分类：①探测爆炸气体的可燃气体探测器；②探测有毒气体的可燃气体探测器。

2. 报警控制器分类

报警控制器按系统连线方式分类如下：

1）多线制可燃气体报警控制器，即采用多线制方式与可燃气体报警控制器连接；

2）总线制可燃气体报警控制器，即采用总线（一般为2～4根）方式与可燃气体探测器连接。

二、系统组成

1. 气体探测器

气体探测器是能对泄漏可燃气体响应，自动产生报警信号并向可燃气体报警控制器传输报警信号及泄漏可燃气体浓度信息的器件。

2. 气体报警控制器

气体报警控制器是用于为所连接的可燃气体探测器供电，接收来自可燃气体探测器的报警信号，发出声光报警信号和控制信号，指示报警部位，记录并保存报警信息的装置。

三、系统的设计

气体探测报警系统是一个独立的子系统，属于火灾预警系统，应独立组成。气体探测器应接入气体报警控制器，不应直接接入火灾报警控制器的探测器回路。

由气体报警控制器将报警信号传输至消防控制室图形显示装置或集中火灾报警控制器，但其显示应与火灾报警信息有所区别；石化行业涉及过程控制的可燃气体探测器，可接入 DCS 等生产控制系统，但其报警信号应接入消防控制室。

1. 可燃气体探测器的设置

探测气体密度小于空气密度的可燃气体探测器应设置在被保护空间的顶部，探测气体密度大于空气密度的可燃气体探测器应设置在被保护空间的下部，探测气体密度与空气密度相当的可燃气体探测器可设置在被保护空间的中间部位或顶部。

气体探测器宜设置在可能产生可燃气体的部位附近。点型气体探测器的保护半径应符合现行国家标准《石油化工可燃气体和有毒气体检测报警设计标准》（GB/T 50493）的有关规定。线型可燃气体探测器的保护区域长度不宜大于 60 m。

2. 气体探测器的安装要求

根据设计的要求确定气体探测器的安装位置；在探测器周围应适当留出更换和标定的空间；在有防爆要求条件下施工。线性气体探测器的发射器和接收器的窗口应避免日光直射，发射器与接收器之间不应有遮挡物。

3. 可燃气体报警控制器的设置

当有消防控制室时，报警控制器可设置在保护区域附近；当无消防控制室时，报警控制器应设置在有人员值班的场所。报警控制器的设置应符合火灾报警控制器的安装要求。

四、工作原理

发生气体泄漏时，安装在保护区域现场的气体探测器将泄漏气体的浓度参数转变为电信号，经数据处理后，将气体浓度参数信息传输到气体报警控制器；或直接由气体探测器做出泄漏气体浓度超限报警判断，将报警信息传输到气体报警控制器。气体报警控制器在接收探测器的气体浓度参数信息或报警信息后，经确认判断，显示泄漏报警探测器的部位和泄漏气体浓度信息，记录探测器报警的时间，同时驱动安装在保护区域现场的声光警报装置，发出声光警报，警示人员采取相应的处置措施；必要时可以控制并关断燃气阀门，防止燃气的进一步泄漏。

五、调试要求

1. 气体探测器

依次逐个对探测器施加达到响应浓度值的气体标准样气，采用秒表测量、观察方法检查探测器的报警功能，探测器应在 30 s 内响应；撤去可燃气体，探测器应在 60 s 内恢复到正常监视状态。对于线型气体探测器除按要求检查报警功能外，还应将发射器发出的光全部遮挡，采用秒表测量、观察方法检查探测器的故障功能，探测器相应的控制装置应在 100 s 内发出故障信号。

2. 气体报警控制器

切断气体报警控制器的所有外部控制连线，将任一回路与控制器相连接后，接通电源。按照现行国家标准《可燃气体报警控制器》（GB 16808）的有关要求，采用观察、仪表测量等方法逐个对气体报警控制器进行下列功能检查并记录，气体报警控制器应满足标准要求：

1）自检功能和操作级别；

2）控制器与探测器之间的连线断路和短路时，控制器应在 100 s 内发出故障信号；

3）在故障状态下，使任一非故障探测器发出报警信号，控制器应在 60 s 内发出报警信号，并应记录报警时间，再使其他探测器发出报警信号，检查控制器的再次报警功能；

4）消声和复位功能；

5）控制器与备用电源之间的连线断路和短路时，控制器应在 100 s 内发出故障信号；

6）高限报警或低、高两段报警功能；

7）报警设定值的显示功能；

8）控制器最大负载功能，使至少 4 个气体探测器同时处于报警状态（探测器总数少于 4 个时，所有探测器均处于报警状态）；

9）主、备用电源的自动转换功能，并在备电工作状态下重复上述第 8）项的检查；

10）依次将其他回路与可燃气体报警控制器相连接，重复上述第 2）～8）项的检查。

第六章

压缩天然气场站电气

第一节　供配电系统

一、电压的选择

根据现行国家标准《供配电系统设计规范》（GB 50052）中负荷分级及供电要求，压缩天然气站的供电负荷等级可为三级，信息系统应设不间断供电电源。

根据现行国家标准《供配电系统设计规范》（GB 50052）中电压选择和电能质量要求，加油站、液化石油气加气站、加油和液化石油气加气合建站的供电电源，宜采用电压为 220 V/380 V 的外接电源；压缩天然气加气站、压缩液化天然气加气站、加油和压缩天然气（或液化天然气、压缩液化天然气）加气合建站的供电电源，宜采用电压为 6 kV/10 kV 的外接电源。加油、加气站的供电系统应设独立的计量装置。

二、供配电系统的用电原则和基本保护系统

压缩天然气场站用电的三项基本原则：其一是必须采用 TN-S 接

零保护系统（TN-S 接地、接零保护系统）；其二是必须采用三级配电系统；其三是必须采用二级漏电保护系统。

TN-S 接零保护系统（以下简称 TN-S 系统），是指在施工用电工程中采用具有专用保护零线（PE 线）、电源中性点直接接地的 220 V/380 V 三相四线制的低压电力系统，或称三相五线系统。其组成形式如图 6-1 所示。

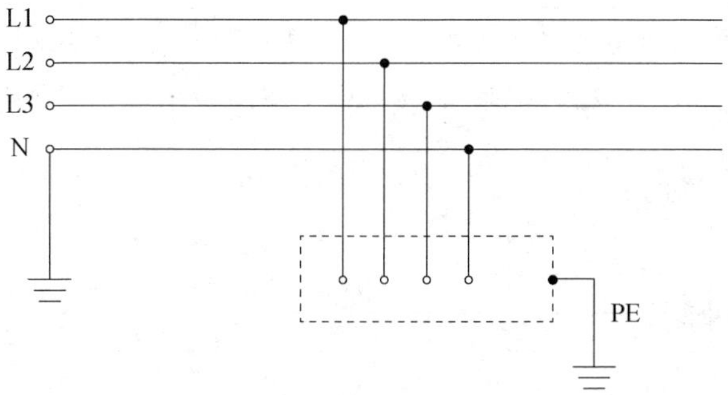

图 6-1　TN-S 接零保护系统

（1）TN-S 系统的主要技术特点

1）电力变压器低压侧中性点直接接地，接地电阻值不大于 4 Ω；

2）电力变压器低压侧共引出 5 条线，其中除引出 3 条分别为黄、绿、红的绝缘相线（火线）L1、L2、L3（A、B、C）外，尚须于变压器二次侧中性点（N）接地处同时引出 2 条零线，一条叫工作零线（浅蓝色绝缘线）（N 线），另一条叫保护零线（PE 线）。其中工作零线（N 线）与相线（L1、L2、L3）一起作为三相四线制工作线路使用；保护零线（PE 线）只作电气设备接零保护使用，即只用于连接电气设备正常情况下不带电的金属外壳、基座等。两种零线（N 线和 PE 线）不得混用，为防止无意识混用，保护零线（PE 线）应采用具有绿/黄双色绝缘标志的绝缘铜线，以与工作零线和相线区别。同时，为保证接地、接零保护系统可靠，在整个施工现场的 PE 线上还应做不少于 $2n+1$（n 代表总分路数量）处重复接地。总配电箱（配电柜）三相四线制电源进线工作零线（N 线）的重复接地电阻值宜与电源的电力变压器或发电机中性点直接接地的工作接地电阻值（≤4 Ω）保持一致。保护零线（PE 线）重复接地，每处重复接地电阻值不得大于 10 Ω。

（2）TN-S 系统的确定

1）在施工现场用电工程专用的电源中性点直接接地的 220 V/380 V 三相四线制低压电力系统中，必须采用 TN-S 系统，严禁采用 TN-C 接零保护系统。三相 220 V/380 V 接零保护系统专用变压器供电 TN-S 系统如图 6-2 所示。

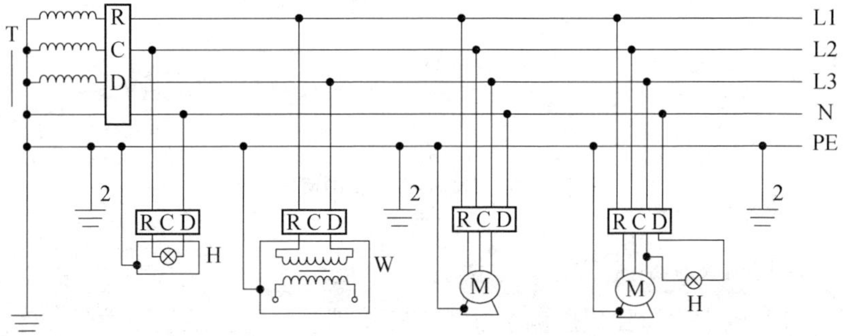

图 6-2 三相 220 V/380 V 接零保护系统专用变压器供电 TN-S 系统

2）当施工现场与外电线路共用同一供电系统时，电气设备的接地、接零保护应与原系统保持一致。不得一部分设备作保护接零，另一部分设备作保护接地。当采用 TN-S 系统作保护接零时，工作零线（N 线）必须通过总漏电保护器，保护零线（PE 线）必须由电源进线零线重复接地处或总漏电保护器电源侧零线处引出，形成局部 TN-S 系统。三相 220 V/380 V 接零保护系统三相四线制供电局部 TN-S 系统如图 6-3 所示。

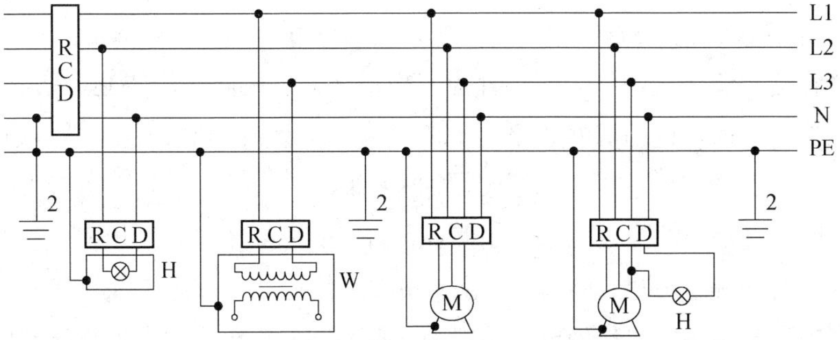

图 6-3　三相 220 V/380 V 接零保护系统三相四线制供电局部 TN-S 系统

（3）PE 线的设置规则

采用 TN-S 系统和局部 TN-S 系统时，PE 线的设置应遵循下述规则：

1）PE 线的引出位置。对于专用变压器供电时的 TN-S 系统，PE 线必须由工作接地线、配电室（总配电箱）电源侧零线或总漏电保护器（RCD）电源侧零线处引出；对于共用变压器三相四线供电时的局部 TN-S 系统，PE 线必须由电源进线零线重复接地处或总漏电保护器电源侧零线处引出。

2）PE 线与 N 线的连接关系。经过总漏电保护器 PE 线和 N 线分开，其后不得再作电气连接。

3）PE 线与 N 线的应用区别。PE 线是保护零线，只用于连接电气设备外露可导电部分，在正常工作情况下无电流通过，且与大地保持等电位；N 线是工作零线，作为电源线用于连接单相设备或三相四线设备，在正常工作情况下会有电流通过，被视为带电部分，且对地呈现电压。所以，在使用中不得混用或代用。

4）PE 线的重复接地。重复接地的数量不少于 2 n+1（n 代表总分路数量）处，设置重复接地的部位可为：总配电箱（配电柜）处；各分路分配电箱处；各分路最远端用电设备开关箱处；塔式起重机、施工升降机、物料提升机、混凝土搅拌站等大型施工机械设备开关箱处。

重复接地必须与PE线相连接，严禁与N线相连接，否则N线中的电流将会分流经大地和电源中性点工作接地处形成回路，使PE线对地电位升高而带电。PE线重复接地的目的，一是降低PE线的接地电阻，二是防止PE线断线而导致接地保护失效。

5）PE线的绝缘色。为了明显区分PE线和N线以及相线，按照国家统一标准，PE线一律采用绿/黄双色绝缘线。在施工现场用电工程的用电系统中，作为电源的电力变压器和发电机中性点直接接地的工作接地电阻值，在一般情况下都应不大于4 Ω。

三、电气线路的保护措施

为有效预防电气线路故障引发的火灾，除了合理地进行电线电缆的选型，还应根据现场的实际情况合理选择线路的敷设方式，并严格按照有关规定规范线路的敷设及连接环节以保证线路的施工质量。此外，低压配电线路还应按照现行国家标准《低压配电设计规范》（GB 50054）及《剩余电流动作保护装置安装和运行》（GB/T 13955）等相关要求设置短路保护、过载保护和接地故障保护。

1. 短路保护

短路保护装置应保证短路电流在导体和连接件中产生的热效应和机械力造成危害之前分断该短路电流；分断能力不应小于保护电器安装的预期短路电流，但在上级已装有所需分断能力的保护电器时，下级保护电路的分断能力允许小于预期短路电流，此时该上、下级保护电器的特性必须配合，使得通过下级保护电器的能量不超过其能够承受的能量。应在短路电流使导体达到允许的极限温度之前分断该短路电流。

2. 过载保护

保护电器应在过载电流引起的导体升温对导体的绝缘、接头、端子或导体周围的物质造成损害之前分断过载电流。对于突然断电比过载造成的损失更大的线路，如消防水泵之类的负荷，其过载保护应作为报警信号，不应作为直接切断电路的触发信号。过载保护电器的动作特性应同时满足以下两个条件：

1）线路计算电流小于或等于熔断器熔体的额定电流，后者应小于或等于导体允许持续载流量。

2）保证保护电器可靠动作的电流小于或等于 1.45 倍熔断器熔体额定电流。需要注意的是，当保护电器为断路器时，保证保护电器可靠动作的电流为约定时间内的约定动作电流；当保护电器为熔断器时，保证保护电器可靠动作的电流为约定时间内的熔断电流。

3. 接地故障保护

当发生带电导体与外露可导电部分、装置外可导电部分、PE 线、PEN 线、大地等之间的接地故障时，保护电器必须切断该故障电路。接地故障保护器的选择应根据配电系统的接地形式、电气设备使用特点及导体截面面积等确定。

TN 系统的接地保护方式具体有以下几种：

1）当灵敏性符合要求时，采用短路保护兼作接地故障保护。

2）零序电流保护模式适用于 TN-C 系统、TN-C-S 系统、TN-S 系统，不适用于谐波电流大的配电系统。

3）剩余电流保护模式适用于 TN-S 系统，不适用于 TN-C 系统。

第二节　防静电、防雷措施

一、静电知识

静电作为一种现象存在于自然界中。随着社会科学技术的发展，静电利用技术在工农业生产中的应用日益广泛。例如，静电除尘、静电喷涂、静电印刷等，但是静电利用给人们带来便利的同时，也给人们带来负面影响，如静电引起的火灾、爆炸等。

根据现行国家标准《石油化工静电接地设计规范》（SH/T 3097）术语和定义可知：静电是对观测者相对静止的，处于物体表面过剩或不足的电荷。由它所引起的磁场效应较之电场效应可以忽略不计。静电可由物质的解除与分离、静电感应、介质极化、带电微粒的附着等物理过程而产生，是生产储运过程中在物料、装置、人体、器材和构筑物上产生和积累起来的。

静电产生后，在其周围形成电场，使带电体集聚静电，造成导电体正、负电荷数量不相等，对外界显示电的特性。

静电产生的因素可分为外界因素、内部因素。

1. 外界因素

两种物质相互摩擦；两种物质紧密接触后再分离；物质受压、撕裂、剥离、拉伸、撞击、受热；物质发生电解或受到其他带电体的感应等。

2. 内部因素

由物质的静电序列决定的，根据科学研究，典型物质的静电序列排列如下：

（+）玻璃—锦纶—羊毛—丝绸—粘胶纤维—棉—纸—麻—钢铁—硬橡胶—醋酯纤维—合成橡胶—涤纶—腈纶—氯纶—聚乙烯—赛璐璐—玻璃纸—聚氯乙烯—聚四氟乙烯（–）

经过分析得知：在同一静电序列中，列在前面的物质与列在后面的物质相互摩擦时，前面带正电荷，后面带负电荷。

上述静电序列原理，解答了为什么作业人员在爆炸危险环境中，进入作业场所时，应禁止穿化纤衣物；必须穿防静电工作服、防静电鞋的问题。

静电的积累是由于某种起电因素使物体上静电起电的速率超过静电消散的速率而在其上呈静电荷的积累过程。

通俗地讲，静电主要是由不同物质的相互摩擦产生的。摩擦速度越快，距离越长，所加压力越大，两种物质在静电序列中所处的位置相距越远，静电起电的速率超过静电消散的速率，摩擦产生的静电越多。

静电在压缩天然气场站中产生的原因如下。

（1）气体带电

压缩天然气在输送过程中，由于所输送的介质含有悬浮介质，在气体喷射时，悬浮介质与气体之间的高速摩擦，可使气体带电。

易燃易爆气体如遇输送管道破裂，会产生泄漏而高压喷射，由于速度极快，会产生高电位的静电，并发生火花放电引起燃烧爆炸。

（2）人体带电

对于静电来讲，人体是相当好的导体。如聚乙烯管材、管件施工时，操作人员需穿高电阻的鞋，因为人体运动时衣服摩擦、走路等各种原因，往往会使人体带电，此时的静电具有电压很高、能量不大、静电感应、尖端放电的特点。如果此时压缩天然气燃气管道及设备泄漏，同时具备满足燃烧的 3 个条件和自由基的链式反应时，该静电放电时往往能将燃气组分中具有最小点火能量的甲烷、乙烷、丙烷等物质点燃，瞬间发生火灾、爆炸、爆燃现象。

二、静电的预防措施

1）人体防静电防护。工作人员在站区应注意着装，穿戴防静电工作服、鞋和手套，不得穿戴化纤衣物；穿防静电鞋时，要考虑所穿袜子的导电性，严禁在鞋内外粘贴绝缘垫。在站区入口处设置消除人体静电装置，可采用使人易于接触的方式设置裸露的金属接地物；工作地面应具有导静电性或造成导静电条件，如洒水或敷设导静电地板。

2）设备防静电防护。在充装气体前，应做好拖车的接地，并与加气机做好等电位连接；各种金属罐体、管道、设备和设施应做好接地，平行敷设的金属管道和构架等长金属物，其净距小于 100 mm 时应采用金属线跨接，跨接点净距不应大于 30 m；交叉净距小于 100 mm 时，其交叉处亦应跨接；当长金属物的弯头、阀门、法兰等连接处的过渡电阻大于 0.03 Ω 时，连接处应用金属线跨接，不能有孤立的未接地金属物，并做好定期检查。在爆炸危险区域内工艺管道上的法兰、胶管两端等连接处应用金属线跨接。当法兰的连接螺栓不少于 5 根时，在非腐蚀环境下可不跨接。防静电接地装置的接地电阻不应大于 100 Ω。

压缩天然气加气站的电气接地应符合下列规定：

1）防雷接地、防静电接地、电气设备的工作接地、保护接地及信息系统的接地等，宜共用接地装置，其接地电阻应按其中要求最小的接地电阻值确定。

2）当各自单独设置接地装置时，液化天然气储罐和压缩天然气储气瓶组的防雷接地装置的接地电阻、配线电缆金属外皮两端和保护钢管两端的接地装置的接地电阻，不应大于 10 Ω，电气系统的工作和保护接地电阻不应大于 4 Ω，压缩天然气和液化天然气管道首、末端和分支处的接地装置的接地电阻，不应大于 30 Ω。

3）加油加气站信息系统的配电线路首、末端与电子器件连接时，应装设与电子器件耐压水平相适应的过电压（电涌）保护器。

4）供电系统的电缆金属外皮或电缆金属保护管两端均应接地，在供配电系统的电源端应安装与设备耐压水平相适应的过电压（电涌）保护器。

5）地上或管沟敷设的压缩天然气管道，应设防静电和防感应雷的共用接地装置，其接地电阻不应大于 30 Ω。

三、防雷措施

1. 基本措施

防雷的主要工作应在场站选址和设计中进行。防雷的方法主要有安装避雷针、避雷带、避雷线和避雷器，以及和它们相配套的引下线和接地装置。

避雷线和避雷器经常安装于输电线路中，防止由于雷电的感应，将过高的雷电感应电压引入供电系统而将供电系统损坏。避雷器有过电压自动击穿的功能，当雷电进入系统，电压升高时，它可自动击穿短路，使雷电通过避雷器形成的路径泄放，从而保护其他的用电设备。

2. 防雷接地措施

工艺装置区、加气岛罩棚及站房的防雷措施按国家现行规范《建筑物防雷设计规范》（GB 50057）、《汽车加油加气加氢站技术标准》（GB 50156）的要求设计。

1）压缩天然气储气瓶（组）必须进行防雷接地，接地点不应少于两处。压缩天然气的长管拖车或管束式集装箱停放场地、卸车点车辆停放场地应设两处临时用固定防雷接地装置。

2）汽车加油加气加氢站的防雷接地、防静电接地、电气设备的工作接地、保护接地及信息系统的接地等宜共用接地装置，接地电阻不应大于 4 Ω。

3）站内放空管在接入全站共用接地装置后，可不单独做防雷接地。

4）当站内的站房和罩棚等建筑物需要防直击雷时，应采用接闪带（网）保护。当罩棚采用金属屋面时，宜利用屋面作为接闪器，但应符合下列规定：

①板间的连接应是持久的电气贯通，可采用铜锌合金焊、熔焊、卷边压接、缝接、螺钉或螺栓连接。

②金属板下面不应有易燃物品，热镀锌钢板的厚度不应小于0.5 mm，铝板的厚度不应小于0.65 mm，锌板的厚度不应小于0.7 mm。

③金属板应无绝缘被覆层。

第七章

压缩天然气场站安全生产管理和消防知识

第一节　压缩天然气场站安全生产管理

一、压缩天然气场站安全禁令

1）禁止对充装证过期或无充装证的气瓶充气。

2）禁止对非法改装气瓶的车辆充气。

3）禁止对存有不同介质的气瓶充气。

4）禁止由司机或非专业人员加气。

5）禁止对减压阀、充气阀、高压管线等连接有松动的气瓶充气。

6）禁止对充气阀泄漏或结露的气瓶充气。

7）禁止对有明显损伤的气瓶充气。

8）禁止超压（20 MPa 以上）加气。

9）禁止对司机和乘客未下车的车辆充气。

10）禁止对发动机未熄火和未关闭汽车电源的车辆充气。

11）禁止在加气作业现场洗修车辆或机械。

12）禁止在爆炸危险场所使用非防爆电器和工具。

13）禁止车辆碾压和人员强行拉伸、弯曲、踩踏加气软管。

14）禁止在加气站内吸烟或使用移动通信工具。

15）禁止在作业时跑动、嬉闹。

二、加气作业现场安全管理

1）加气车辆随车人员应在站外下车，无关人员不得进入作业现场。

2）加气人员引导车辆停靠，防止车辆碰撞或擦刮加气设备。

3）加气前认真检查汽车储气罐是否符合技术要求，对存在检定超期、泄漏气体、连接部位松动等问题的气罐不得充气。

4）加气中操作人员不得离开现场，严密监视加气设备和车辆，发现问题立即停止作业并采取相应的安全措施，确保作业安全。

5）站内严禁烟火，禁止使用手机，禁止在加气作业现场检修车辆。

6）随时检查加气设备技术状况，严禁设备“带病”工作。

三、设备安全管理

1）加气站增压设备、储气设备、加气设备、降温冷却装置、安全保险装置、消防设备和器材等设施设备要明确专人管理，落实管理责任。

2）防爆电器电缆进线必须密封可靠，多余进线孔必须封堵。

3）加强设施设备的检查和维护保养，制订检修计划，建立设备档案，使之随时保持良好状态。

4）发现设备故障或气压、油压、水压等不安全问题时必须立即停产检修，严禁设备“带病”运行。

5）顺序控制盘、过程控制盘、增压设备、储气设备、冷却设备、加气设备、报警装置等主要设备的检修必须由具有资质的专业技术人员进行，严禁蛮干造成设备损坏或失灵。

6）生产设施、生活设施配置的安全阀、连锁装置、报警装置、灭火装置、防雷防静电装置、电气保护装置、压力表等安全装置必须定期检测和校验，保证完好有效。

7）安全装置不准随意拆除、挪用或弃置不用，因检修临时拆除的，检修完毕后必须立即复位。

四、压力容器、压力管道安全管理

1）压力容器执行《压力容器安全技术监察规程》，定期检验。

2）压力容器做到每周一次检查，半年一次维护保养，发现问题及时请具有资质的技术监督部门进行检验，检验合格后方可投入使用。

3）压力管道执行现行行业标准《压力管道安全技术监察规程》（TSG D0001），每天进行一次检查。

4）气瓶充装执行现行行业标准《气瓶安全监察规程》，超期或检验不合格的气瓶一律不得充装。

5）压力容器、管道根据检验报告到期时间，提前 1 个月向当地技术监督部门申报，做好检验前准备工作。

6）压力容器及管道应随时保持清洁卫生。

五、防护用品管理

1）为避免或减轻操作员工的事故伤害和职业危害，主管公司需根据作业性质、现场条件、劳动强度和上级有关规定，正确选择配备符合安全卫生标准的防护用品和器具。

2）各种防护器具应固定存放在安全、方便的地方，并有专人负责保管，定期检查和维护。

3）操作人员应根据作业条件坚持佩戴防护用品，增强自我防护意识，避免或减轻职业危害。

六、用电安全管理

1）加气站上空不得有任何电气线、电缆跨越，周边电线必须符合安全距离要求。

2）室内外照明灯具必须符合防爆等级规定。

3）站内不得随意安装或架设临时电线，不得私自布设电源。因设备检修或技改施工必须敷设临时电线时，必须报上级主管部门批准并办理临时用电作业票。

4）电动机、发电机、配电屏等电气设备均应设置保护接地，每半年进行一次测试和保养，接地电阻不得大于 4 Ω。

5）电器、电线检修必须由持证电工进行，检修中应做好现场监护，放置警示标志，防止其他人员误操作发生意外。

6）电气设备、电气线路应随时检查，确保其技术状态良好。

七、防雷、防静电管理

1）加气站建筑物、构筑物、储输气设备、加气设备等均应设置防雷、防静电接地装置并符合有关技术要求。

2）各种跨接、接地装置应随时保持良好性能，每年春季、秋季各进行一次检测，接地电阻须符合技术规定。

3）操作人员着装必须符合防静电要求。

4）作业场所不得穿脱衣服、梳头和使用化纤制品擦拭设备及地面。

5）高强闪电、雷击时停止加压、充装作业。

八、施工及检维修作业安全管理

根据国家有关规定以及企业目前技能状况，加气站施工项目和设备检修应一律委托给有资质的专业队伍，内部仅限于日常维护保养。凡委托外部施工及检维修的项目，必须聘请有资质的第三方监理单位进行以施工质量、施工安全为重点的现场监理。施工及检维修作业中应重点做好以下几项工作：

1）严格施工队伍资质审查，防止将检维修项目承包给不具备相应资质条件的施工单位。

2）与施工方签订施工安全合同，对制式合同中有关安全条文不明确或不详细的要签订补充合同，进一步细化和明确双方的安全责任，督促施工方落实现场安全管理人员。

3）认真审查施工作业方案，方案确定后不得擅自更改，确需修改方案时必须由施工、管理双方共同研究确定，确保施工程序和作业方案符合爆炸危险场所安全管理要求。

4）组织风险识别，针对识别出的危险因素与施工方共同制定出控制措施和应急预案。

5）开展安全教育，使所有施工人员明白关键环节的危险因素和安全注意事项，熟悉安全措施和应急预案。

6）加强施工人员管理，坚持每天对所有施工人员与贴有本人照片的施工证件进行核对，防止施工方擅自转包工程项目或调换施工人员。

7）抓好现场安全监管，施工期间领导干部、管理人员要经常深入现场检查施工作业情况，及时解决施工中存在的问题。

8）选派责任心和原则性强、具有施工管理经验的人员担任现场监督，严密监视作业现场，严防发生施工人员擅自改变施工作业程序以及野蛮施工、违章操作等问题。

9）填写监督日志，详细记录每天施工作业情况。

九、消防安全管理

1）加气站严格控制明火，设备维修必须动火时须按动火管理规定上报审批，严格掌握动火条件，制定动火作业方案及安全措施，加强现场安全监督，确保动火作业安全。

2）消防器材定人管理，定点存放，定期检查和维护保养，随时保持良好状态，不得随意挪动。对使用超期或压力不足的灭火器要及时更换。

3）无关人员不得进入增压机房，必须进入的要解除火种，并由加气站负责人员陪同。

4）加气场地醒目处张贴防火警示标志和安全告示，提醒客户防火安全注意事项。

5）加气站入口处设置防撞、限速（5 km/h）等标志，设置减速带。

6）站内严禁吸烟，加气场地、储气区域及压缩机房等危险场所禁止使用移动通信工具，操作人员严禁携带烟火上岗。

7）操作人员必须经过消防安全培训，熟悉消防器材的正确使用方法，会扑灭初期火灾。

十、技术档案管理

1）设备按台件分别建立技术档案。设备的合格证、使用说明书等随机资料和设计安装图纸、操作规程分类入档，运行记录、检修记录按年度装订归档。

2）归档文件的质量应符合有关规范要求，不得用圆珠笔、铅笔、红色笔书写，档案纸质应适宜长期保存。

3）档案管理做到专人负责，妥善保管，不得遗失、泄密和污损。

4）如需复制或转借档案，必需经上级领导批准，并做好相关记录。

十一、交接班管理

1）交班前一小时，生产方案、工艺条件原则上不宜做大的变动和调整。接班人员未到，交班人员不得离岗。

2）接班人员必须提前半小时到岗，按照规定进行班前系统（岗位）检查，并确保 10～15 min 的交接班时间。

3）交接班人员对商品、设备、物资和工具等一并进行交接。双方共同抄录加气机数码并计量储气井（罐）的储气量，填写计量单，发现盈亏异常时应及时查明原因并妥善处理。

4）交接班双方必须坚持“十交”“五不接”原则。“十交”即交任务、交设备、交操作、交质量、交安全、交经验、交工具、交记录、交环境卫生、交遗留问题。“五不接”即设备有故障不接、工具不全不接、操作情况交代不清不接、记录不全不接、卫生不洁不接。

5）交接班时由当班经理组织召开交接班会，交班班长介绍本班作业情况，提出注意事项；接班班长布置本班工作，安全监督员进行安全讲话。然后分岗位按“十交”“五不接”的原则进行交接。

6）交接完毕，填写交接班记录，双方签字确认。交接班后发生的问题由接班人员负责。

十二、环保节能管理

1）严格执行国家及当地政府部门有关环境保护、节能减排的政策、法律法规和规定，设立兼职环保节能管理员，负责本站的环保、绿化和节能工作。

2）节约用水、用电，搞好冷却水的循环使用，加强设备的维护、保养，防止漏气、漏水、噪声过大等造成的浪费和对环境造成的污染。

3）减少废气的排放，防止对大气造成污染。

4）天然气中分离出的油水混合物应集中处理，严禁随意排放。

5）采取有效措施，降低噪声，防止噪声扰民，加强与当地环保部门的沟通协调。

6）搞好加气站绿化及环境卫生工作，创造优美的工作环境。

十三、安全检查

1）在生产过程中，当班员工应按照工艺流程和技术要求，对流程、设备、仪表等逐项、逐点、逐件进行认真检查和巡视。

2）检查或生产作业中发现异常情况要及时、妥善处理。发现险情危及安全生产时必须立即停机，切断电源和气源，组织有关人员按照应急预案进行处置，并及时向上级领导报告。

3）加气站应根据设施设备及工艺流程等情况，制定符合实际的巡回检查路线。

4）对加气站至供气站的输气管线检查，加气站经理带领维修人员每天巡查一次，片区经理带领加气站经理每 10 天巡查一次；对加气站各部位的检查，加气站经理每天上午、下午分别不少于一次，安全监督员每天上午、下午分别不少于两次。

5）建立检查记录，每次检查分别记录在案，对检查中发现的问题落实整改责任人员及时整改。

十四、教育培训

1）加气站经理和安全管理人员必须具备与本站生产经营活动相适应的安全生产知识和管理能力，经上级考核合格后方可任职。

2）特种作业人员必须经有资格的教育培训机构培训考核合格后持证上岗，并按时接受复审教育。

3）加强对从业人员的日常安全教育和培训，保证从业人员具备必要的安全知识，熟悉安全生产规章制度和操作规程，掌握本岗位的安全技能。

4）对新聘员工、转岗员工必须按要求进行岗前“三级”安全教育和技能培训，经考试合格后方可上岗。

5）重大危险检修项目施工时，应对有关人员进行安全措施、安全意识、应急处置等安全教育。

6）教育培训应建立记录资料，员工的培训资料应归档管理。

第二节　消防知识

一、压缩天然气场站火灾危险性

天然气属于甲类火灾危险性物质，压缩天然气场站则是防火安全工作的重点。天然气具有易燃易爆的特点，相对密度为0.55～0.60，比空气轻，天然气的爆炸极限为5%～15%，当天然气在空气中混合的浓度达到这一范围时，遇到明火会发生燃烧或爆炸；当天然气在空气中的浓度低于5%或高于15%时，都不会发生燃烧。压缩天然气是天然气的高压储存形式，压缩机、储气瓶（井）和加气机等加气工艺设备内压力能达到25 MPa，具有高压危险性，高压设备及管道在超压状态下会发生物理爆炸，安全附件的失效可能会导致压缩天然气泄漏。一旦压缩天然气的气质或储气瓶的质量、制造工艺以及加压设备等不能满足规定的技术要求，稍有疏忽，就有可能发生燃烧爆炸事故。

二、消防器材配置

灭火器是指把灭火剂储存在特制容器内的小型灭火设备，是燃气场站必备的灭火器材。灭火器机动性强，操作简便，可以移动，主要用来扑救初期火灾和小面积火灾，燃气场站常用的灭火器类型有干粉灭火器、二氧化碳灭火器和泡沫灭火器。

1. 灭火器材配置

根据现行国家标准《汽车加油加气加氢站技术标准》（GB 50156），加油加气站工艺设备的灭火器材配置应符合下列规定：

1）每2台加气机应配置不少于2具5 kg手提式干粉灭火器，加气机不足2台应按2台配置。

2）每2台加油机应设置不少于2具5 kg手提式干粉灭火器，或1具5 kg手提式干粉灭火器和1具6 L泡沫灭火器；加油机不足2台应按2台配置。

3）压缩天然气储气设施应配置2台不小于35 kg推车式干粉灭火器，当两种介质储罐之间的距离超过 15 m时，应分别配置。

4）地下储罐应设置1台不小于35 kg推车式干粉灭火器，当两种介质储罐之间的距离超过 15 m时，应分别设置。

5）泵、压缩机操作间（棚、箱）应按建筑面积每50 m^2配置不少于2具5 kg手提式干粉灭火器。

6）一级、二级加油站应配置灭火毯 5 块、沙子 2 m^3；三级加油站应配置灭火毯 2 块、沙子 2 m^3。加油加气合建站按同级别的加油站配置灭火毯和沙子。

其他建筑的灭火器配置应符合现行国家标准《建筑灭火器配置设计规范》（GB 50140）的规定。

2. 灭火器的设置要求

根据现行国家标准《建筑灭火器配置设计规范》（GB 50140）的规定，灭火器的设置应符合以下规定：

1）灭火器应设置在明显和便于取用的地点，且不得影响安全疏散。

2）灭火器的摆放应稳固，其铭牌必须朝外。

3）手提式灭火器宜设置在灭火器箱内或挂钩、托架上，其顶部离地面高度不应大于 1.50 m，底部离地面高度不宜小于 0. 15 m，灭火器箱不得上锁。

4）灭火器不宜设置在潮湿或具有腐蚀性的地点，当必须设置时，应有相应的保护措施。 灭火器设置在室外时，应有相应的保护措施，如给推车式灭火器搭一个既能遮雨水又能挡阳光的棚，具有遮阳防晒、挡雨防潮、保温、隔热，以及防止撞击等作用。

5）灭火器不得设置在超出其使用温度范围的地点。灭火器的使用应符合规定（表 7-1）。

表 7-1　灭火器的使用温度范围

灭火器类型		使用温度范围 Y/℃
水型灭火器	不加防冻剂	+5～+55
	添加防冻剂	−10～+55
机械泡沫灭火器	不加防冻剂	+5～+55

续表

灭火器类型		使用温度范围 Y/℃
机械泡沫灭火器	添加防冻剂	−10～+55
干粉灭火器	二氧化碳驱动式	−10～+55
	氮气驱动式	−20～+55
卤代烷灭火器		−20～+55
二氧化碳灭火器		−10～+55

三、消防给水设施

根据现行国家标准《汽车加油加气加氢站技术标准》（GB 50156）的规定，压缩天然气加气站、加油和压缩天然气加气合建站可不设消防给水系统。

加气站、加油加气合建站的消防给水系统宜用城市或企业已建的消防给水系统，当无可利用的消防给水系统时，应自建消防给水系统，消防供水量应按固定式消防用水量和移动式消防冷却用水量之和计算。

加气站、加油加气合建站的生产、生活给水管道宜和消防水管道合并设置，并且当生产、生活用水达到最大用水量时仍应保证消防用水量。

第八章

压缩天然气场站风险辨识和应急处置措施

第一节　风险辨识与控制

一、风险辨识

风险辨识是风险管理的第一步，也是风险管理的基础，是指在风险事故发生之前，人们运用各种方法系统地、连续地认识所面临的各种风险以及分析风险事故发生的潜在原因，进而主动选择适当有效的方法进行处理。

1. 危险源辨识内容

1）工作环境：周围环境、工程地质、地形、自然灾害、气象条件、资源交通、抢险救灾支持条件等。

2）平面布局：功能分区（生产区、管理区、辅助生产区、生活区）；高温、有害物质、噪声、辐射、易燃、易爆、危险品设施布置；建筑物、构筑物布置；风向、安全距离、卫生防护距离等。

3）运输路线：施工便道、各施工作业区、作业面、作业点的贯通道路以及与外界联系的交通路线等。

4）施工工序：物质特性（毒性、腐蚀性、燃爆性）、温度、压力、速度、作业及控制条件、事故及失控状态。

5）施工机具、设备：高温、低温、腐蚀、高压、振动、关键部位的备用设备、控制、操作、检修和故障、失误时的紧急异常情况；机械设备的运动部件和工件、操作条件、检修作业、误运转和误操作；电气设备的断电、触电、火灾、爆炸、误运转和误操作；静电、雷电。

6）危险性较大设备和高处作业设备：提升、起重设备等。特殊装置、设备：锅炉房、危险品库房等。

7）有害作业部位：粉尘、毒物、噪声、振动、辐射、高温、低温等。

8）各种设施：管理设施（指挥机关等）、事故应急抢救设施（医院、卫生所等）、生活设施等。

9）劳动组织：生理、心理因素和人机工程学因素等。

2. 危险源辨识方法

1）查阅有关资料、记录，获取危险源信息。

2）组织有经验的人询问、交谈、会议讨论，发现存在的危险源。

3）通过施工任务和现场环境分析辨识有关危险源。

4）运用已编制的安全检查表辨识存在的危险源。

5）获取外部信息，根据以往经验，对照本公司生产活动，发现危险源。

3. 风险评价方法

风险评价方法包括安全检查表法、事故事件树分析法、专家评议法、作业条件危险性评价法（LE3）、危害与可操作性分析法、作业安全分析法、安全等级评价法等。

作业条件危险性评价法，是指对具有潜在危险的环境中作业的危险性进行定性评价的一种方法，也是常用的风险评价方法。

对于一种具有潜在危险性的作业条件，影响危险性的主要因素有3个，用公式表示：

$$D=L\times E\times C$$

式中，D——作业条件的危险性；

L——事故或危险事件发生的可能性；

E——暴露于危险环境的频率；

C——发生事故或危险事件的可能结果。

根据经验，分值在20以下被认为是低危险的，这样的危险是可接受的；分值在20～69为一般危险，需要注意或要有措施；分值在70～159为有显著危险性，需要及时整改；分值在160～320为高度危险性，需要立即整改；分值在320以上为极其危险，不能继续作业。

4. 风险的评价时态

作业过程中的风险因素评价要考虑三种时态（过去、现在、将来）、三种状态（正常、异常、紧急）情况下的风险，以及常规和非常规活动风险。其非常规活动包括：冬期、雨期抢工、夜间加班和外界提供的设施等。通过定量的评价方法，分析危害导致风险事件发生的可能性和后果以确定风险程度的高低。定量评价主要采用作业条件风险打分法。

5. 风险控制措施

消除、预防和减弱危险、危害因素的技术措施和管理措施是事故预防对策中非常重要的一个环节，实质上是保障整个生产过程安全的对策措施。

根据预防伤亡事故的原则，控制危险因素的基本对策如下：

1）实现机械化、自动化。

2）设置安全装置。

3）机械强度试验。

4）保证电器安全可靠。

5）按规定维护保养和检修机器设备，保持工作场所合理布局。

6）配备个人防护用品。

二、压缩天然气场站风险辨识

1. 天然气泄漏风险

泄漏风险主要来自天然气自身的易燃易爆特性和在储存、输送、使用过程中失控造成的泄漏。压缩天然气场站内工艺过程由于大部分工艺设备处于高压状态，工艺设备容易造成泄漏，气体外泄可能发生的地点很多，管道焊缝、阀门、法兰盘、压缩机、干燥器、回收罐、过滤器等都有可能发生泄漏；当压缩天然气管道被拉脱或加、运气车辆意外失控而撞毁加气柱时会造成天然气大量泄漏。泄漏气体一旦遇引火源，就会发生火灾和爆炸。

根据压缩天然气场站使用设备的实际情况分析认为，场站内易发生泄漏的设备主要有以下几类：

1）输气管道包括管道、法兰和接头。

2）挠性连接器包括软管、波纹管等，其典型泄漏情况为连接器本体破裂泄漏、接头处泄漏、连接装置损坏泄漏。

3）过滤器：由过滤器本体、管道、滤网等组成。

4）阀门：典型泄漏情况为阀体泄漏、阀盖泄漏、阀杆损坏泄漏。

5）压力容器：加气站压力容器主要有储气井、缓冲罐和回收罐等。此类容器泄漏的情况主要为容器破裂而泄漏、容器本体泄漏、孔盖泄漏、喷嘴断裂泄漏、仪表管路破裂泄漏、容器内部爆炸等。

6）压缩机：典型泄漏情况为压缩机盖损坏泄漏、压缩机密封套泄漏。

7）放散管：泄漏主要发生在桶体部位。

2. 压缩系统风险

气体压缩系统是天然气汽车加气站的核心部分，该系统主要是通过压缩机进行多级压缩，将天然气的压力提高至 25 MPa，然后通过管线送至储气设施。气体在压缩时，处于受压、受热状态，工艺管网易造成泄漏，遇火源就会发生火灾和爆炸。

当压缩机房的泄压面积不足，又没安装通风换气设施，可燃气体检测报警和强制通风设施，排气、紧急切断等设施时，一旦造成天然气聚集遇明火就会引发火灾、爆炸事故。

3. 储气系统风险

压缩天然气场站内的气体储存系统属于高压容器，储气设施基本是钢质耐压型，由于受腐蚀或存在先天性缺陷，如制造工艺不能满足规定的技术要求，加上维修保养不善，安全管理措施不落实等因素，极易造成储气设施或零部件损坏，发生泄漏引起火灾和爆炸事故。地下储气井使用中出现的事故隐患主要是泄漏、井管爆裂和井口装置上蹿或下沉。

4. 充装系统风险

充装系统的主要设备是加气机（柱），工作过程中容易产生静电，违章操作也容易造成安全事故。上边装有可脱开装置（防止加气枪还未取下时，汽车开走或滑动，拉断气体线）以及压力—温度补偿系统，只要气相线不缠绕住售气机或者其他物体而致使防脱装置不能正常工作，充装系统的安全性是可以得到保障的。但是，在售气机的内部，其电磁阀前过滤器过滤面积过小容易造成过滤器阻塞或者滤网破坏，并且某些售气机的三联电磁阀也频繁损坏，使用寿命较短，这些都使得售气机存在安全隐患。

5. 变配电系统风险

压缩天然气场站变配电系统危险、危害因素分为两类：一类是自然灾害，如雷击；另一类是电气设备本身和运行过程中不安全因素导致的危险、危害，主要有触电、火灾、爆炸等。

1）触电危险：加气站配电设备、设施在生产运行中由于产品质量不佳，绝缘性能不好；现场环境恶劣（高温、潮湿、腐蚀、振动）、运行不当、机械损伤、维修不善导致绝缘老化破损；设计不合理、安装工艺不规范、各种电气安全净距离不够。

若人体不慎触及带电体或过分靠近带电部分，都有可能发生电击、电灼伤的触电危险。特别是高压设备和线路，因其电压值高，电场强度大，触电的潜在危险性更大。

2）火灾、爆炸危险：各种配电装置、电气设备、电器、照明设施、电缆、电气线路等，如果安装不当、外部火源移近、运行中正常的闭合与分断、不正常运行的过负荷、短路、过电压、接地故障、接触不良等，均可产生电气火花、电弧或者过热，若防护不当，可能发生电气火灾或引燃周围的可燃物质，造成火灾事故；在有过载电流流过时，还可能使导线（含母线、开关）过热，金属迅速汽化而引起爆炸；充油电气设备（油浸电力变压器、电压互感器等）火灾危险性更大，还有可能引起爆炸。

6. 人员行为性风险

加气站的行为性危险、有害因素主要是人的不安全行为，例如，携带烟火、使用手机、穿戴极易产生静电的衣物、领导指挥错误、操作人员操作失误和监护失误以及其他人员的不安全行为，均可能带来设备损毁、燃气泄漏、火灾爆炸、人员伤亡、交通安全等危害后果。人员发生操作失控的主要原因包括安全意识因素、安全生产技能因素、安全知识因素、健康和生理因素、劳动环境条件影响因素、违章操作因素。

7. 环境和自然灾害风险

加气站的周边环境和驻地的自然灾害与加气站的安全运营有着密切的关系。特别是建在车辆来往频繁的交通干道两侧的加气站，周围环境较复杂，受外部点火源的威胁较大，如站区围墙外闲杂人员焚烧物品的飞火，频繁出入的车辆，外来人员携带火种等均可能危及加气站的安全。

场站驻地发生的水旱灾害，如台风、冰雹、雷电、雪、沙尘暴等气象灾害，火山、地震灾害，山体崩塌、滑坡、泥石流等地质灾害，风暴潮、海啸等海洋灾害，森林草原火灾和重大生物灾害等自然灾害，有造成公司员工伤害、财产损失等风险，并有引发其他次生灾害的危险。

第二节　应急预案

应急预案是指根据预测危险源、危险目标可能发生事故的类别、危害程度，而制定的事故应急救援方案。要充分考虑现有物质、人员及危险源的具体条件，能及时、有效地统筹指导事故应急救援行动。

一、应急预案编制要求

1）分类、分级制定预案内容。

2）上一级预案的编制应以下一级预案为基础。

3）危险化学品单位根据《危险化学品事故应急救援预案编制导则》及本单位实际情况，确定预案编制内容。

二、应急预案的主要内容

1）基本情况。主要包括单位的地址、经济性质、从业人数、隶属关系、主要产品、产量等内容，周边区域的单位、社区、重要基础设施、道路等情况。

2）危险目标及其危险特性、对周围的影响。包括危险目标的确定，根据确定的危险目标，明确其危险特性及对周边的影响。

3）危险目标周围可利用的安全、消防、个体防护的设备、器材及其分布。

4）应急救援组织机构、组织人员和职责划分。

5）报警、通信联络方式。依据现有资源的评估结果，确定 24 h 有效的报警装置、24 h 有效的内部和外部通信联络手段。

6）事故发生后应采取的处理措施。根据工艺规程、操作规程的技术要求，确定采取的紧急处理措施。

7）人员紧急疏散、撤离。依据对可能发生危险化学品事故场所、设施及周围情况的分析结果，确定事故现场人员清点、撤离的方式方法，非事故现场人员紧急疏散的方式方法，抢救人员在撤离前、撤离后的报告，周边区域的单位、社区人员疏散的方式方法。

8）危险区的隔离。依据可能发生的危险化学品事故类别、危害程度级别，确定危险区的设定、事故现场隔离区的划定方式方法、事故现场隔离方法、事故现场周边区域的道路隔离或交通疏导办法。

9）检测、抢险、救援及控制措施。

10）受伤人员现场救护、救治与医院救治。

11）现场保护与现场洗消。包括事故现场的保护措施，明确事故现场洗消工作的负责人和专业队伍。

12）应急救援保障。包括内部保障和外部救援。

13）预案分级响应条件。依据事故的类别、危害程度的级别和从业人员的评估结果，以及可能发生的事故现场情况分析结果，设定预案的启动条件。

14）事故应急预案终止程序。确定事故应急救援工作结束，通知本单位相关部门、周边社区及人员事故危险已解除。

15）应急培训计划。依据对从业人员能力的评估和社区或周边人员素质的分析结果，确定应急救援人员的培训、员工应急响应的培训和周边人员应急响应知识的宣传。

16）演练计划。依据现有资源的评估结果，确定演练准备、演练范围与频次、演练组织。

三、应急演练

应急演练是在事先虚拟的事件（事故）条件下，应急指挥体系中各个组成部门、单位或群体的人员针对假设的特定情况执行实际突发事件发生时各自职责和任务的排练活动，简单地讲就是一种模拟突发事件发生的应急演习，应急预案应定期进行演练。压缩天然气场站作为消防安全重点单位至少每半年进行一次演练。

1. 应急演练的目的

应急演练的目的是检验预案、完善准备、锻炼队伍、磨合机制、科普宣教。

1）检验预案。通过开展应急演练，查找应急预案中存在的问题，进而完善应急预案，提高应急预案的实用性和可操作性。

2）完善准备。通过开展应急演练，检查应对突发事件所需应急队伍、物资、装备、技术等方面的准备情况，发现不足及时予以调整补充，做好应急准备工作。

3）锻炼队伍。通过开展应急演练，增强演练组织单位、参与单位和人员等对应急预案的熟悉程度，提高其应急处置能力。

4）磨合机制。通过开展应急演练，进一步明确相关单位和人员的职责任务，理顺工作关系，完善应急机制。

5）科普宣教。通过开展应急演练，普及应急知识，提高公众风险防范意识和自救互救等灾害应对能力。

2. 应急演练的分类

按组织形式划分，应急演练可分为桌面演练和实战演练。

桌面演练是指参演人员利用地图、沙盘、流程图、计算机模拟、视频会议等辅助手段，针对事先假定的演练情景，讨论和推演应急决策及现场处置的过程，从而促进相关人员掌握应急预案中所规定的职责和程序，提高指挥决策和协同配合能力。桌面演练通常在室内完成。

实战演练是指参演人员利用应急处置涉及的设备和物资，针对事先设置的突发事件情景及其后续的发展情景，通过实际决策、行动和操作，完成真实应急响应的过程，从而检验和提高相关人员的临场组织指挥、队伍调动、应急处置技能和后勤保障等应急能力。实战演练通常要在特定场所完成。

3. 演练评估

演练评估是在全面分析演练记录及相关资料的基础上，对比参演人员表现与演练目标要求，对演练活动及其组织过程做出客观评价，并编写演练评估报告的过程。所有应急演练活动都应进行演练评估。

演练结束后可通过组织评估会议、填写演练评价表和对参演人员进行访谈等方式，也可要求参演单位提供自我评估总结材料，进一步收集演练组织实施的情况。

演练评估报告的主要内容一般包括演练执行情况、预案的合理性与可操作性、应急指挥人员的指挥协调能力、参演人员的处置能力、演练所用设备装备的适用性、演练目标的实现情况、演练的成本效益分析、对完善预案的建议等。

第三节　事故应急处置措施

压缩天然气场站是易燃易爆的需防火的生产场所，为切实搞好安全生产，要杜绝或尽量减少突发事件的发生。若发生突发事件，会造成不同程度的人员伤亡和国家、集体、个人的财产损失，操作人员应掌握应急处置的处理措施。

一、燃气泄漏、着火现场应急处置措施

1. 应急处置程序

1）发现着火的第一人应大声呼喊，以通知加气站当时在岗的所有员工。

2）站长、值班班长及时组织人员采取扑救措施。

3）当加气站自身力量控制不了事故时，应立即向当地公安消防部门报警，内容包括企业名称、详细位置、火灾爆炸事故的物质类型。

2. 现场应急处置措施

（1）加气机燃气泄漏着火处置措施

1）发现人员按下最近处ESD（紧急关断钮），报告站长及值班班长。

2）加气工立即停止一切加气，并关闭进站总阀门。

3）应急抢险人员携带灭火器冲向起火地点，扑灭加气机的着火点。

4）站长及值班班长迅速到达现场，组织扑救。

5）疏散现场加气车辆及闲散人员。

6）使用嗅敏仪随时监测泄漏区域的燃气浓度。

（2）加气柱燃气泄漏着火处置措施

1）发现人员按下最近处ESD（紧急关断钮），报告站长及值班班长。

2）立即切断站内电源，停止一切加气，并关闭进站总阀门。

3）引导加气车辆立即驶离加气站。

4）站长及值班班长迅速到达现场，组织扑救。

5）用灭火器对准着火点将火扑灭。

（3）进站管线燃气泄漏着火处置措施

1）当进站管线发生泄漏着火时，发现人员应立即按下最近处ESD（紧急关断钮），停止一切加气，并报告站长及值班班长。

2）立即切断站内电源，并关闭管段下游通往干燥器的供气阀门及干燥器的进气阀门，控制进气总阀门以保持管线内燃气为正压。

3）立即关闭加气阀门，指挥加气车辆立即驶离加气站。

4）站长及值班班长迅速到达现场，组织扑救。

5）用灭火器对准着火点将火扑灭，再用灭火毯进行覆盖以隔绝空气。

（4）压缩机撬块燃气泄漏着火处置措施

1）发现人员应立即按下最近处ESD（紧急关断钮），停止一切加气，并报告站长及值班班长。

2）立即切断站内电源，并关闭压缩机进气阀门，注意保持压缩机系统内的燃气为正压。

3）立即关闭加气阀门，指挥加气车辆立即驶离加气站。

4）站长及值班班长迅速到达现场，组织扑救。

5）用灭火器对准着火点将火扑灭。

（5）空气压缩机着火处置措施

1）发现人员应立即按下最近处 ESD（紧急关断钮），并报告站长及值班班长。

2）立即切断电源，关闭进站总阀门。

3）立即关闭加气阀门停止加气，指挥加气车辆立即驶离加气站。

4）站长及值班班长迅速到达现场，组织扑救。

5）用灭火器对准着火点将火扑灭。

（6）调压箱燃气泄漏着火处置措施

1）立即按下 ESD（紧急关断钮），停止一切操作，关闭调压箱前后阀门。

2）用灭火器对准着火点将火扑灭。

3）确认火情消除后，拉警戒线，禁止无关人员进入现场。

4）现场留下巡查人员，随时注意事态发展。

（7）干燥器燃气泄漏着火处置措施

1）立即按下 ESD（紧急关断钮），关闭加气阀门，停止一切操作。

2）切断电源，关闭干燥器进出口阀门，使干燥器内保持正压，并报告站长及值班班长。

3）站长及值班班长迅速到达现场，组织扑救。

4）使用灭火器进行灭火，并用消防水对干燥器降温。

5）现场留下巡查人员，随时注意事态发展。

（8）加气车辆燃气泄漏着火处置措施

1）加气车辆加气过程中着火时，加气工立即按下最近处的 ESD

（紧急关断钮），切断站内电源，关闭加气柱或加气机的加气阀门、压缩机出口阀门、进站总阀门。

2）疏散现场加气车辆及闲散人员。

3）站长及值班班长迅速到达现场，组织扑救。

4）用灭火器对准着火点将火扑灭，再用灭火毯进行覆盖以隔绝空气。

5）连接消防水带，用消防水对设备区进行水幕隔离和降温，控制火情。

6）雷击天气压缩天然气瓶组车压力异常燃气泄漏时，应立即停止作业。

7）瓶管上爆破片爆破后，应首先关闭其他瓶体阀门，进行应急处理。

（9）储气瓶组燃气泄漏着火处置措施

1）立即按下 ESD（紧急关断钮），停止一切操作，报告站长及值班班长。

2）切断电源，关闭进站总阀门与干燥器出口阀门。

3）站长及值班班长迅速到达现场，组织指挥疏散现场其他加气车辆及闲散人员。

4）连接消防水带，用消防水对储气瓶组进行水幕隔离和降温，控制火情。

5）使用灭火器灭火。

6）使用嗅敏仪实时监测泄漏区域的燃气浓度。

二、触电伤害应急处置措施

1. 应急处置程序

1）发现触电伤害的第一人应立即发出呼救，以通知加气站当时在岗的所有员工。

2）站长、值班班长及时组织人员采取现场急救措施，使触电人员脱离电源。

3）当触电伤害严重时，应立即向急救中心报警，内容包括企业名称、详细位置、伤害类型及伤害程度。

2. 现场应急处置措施

1）发现有人触电时，必须立即切断电源总开关或用绝缘物挑开电源线，使触电者脱离电源。

2）立即向单位领导和调度汇报，明确事故地点、时间、受伤程度和人数。

3）触电为高压时，救护人员应迅速切断电源，或用适合该电压等级的绝缘工具（戴绝缘手套、穿绝缘靴并用绝缘棒）解脱触电者。只有在确认电源线路已经无电，在触电者离开触电导线后，才可立即就地进行急救。救护人员在抢救过程中应注意离开断线点 8～10 m，保持自身与周围带电部分的安全距离，防止跨步电压伤人。

4）触电为低压时，救护人员应设法迅速切断电源，拔下电源插头；或使用绝缘工具、干燥的木棒、木板、绳索等不导电的物品解脱触电者；或抓住触电者干燥而不贴身的衣服将其拖开，不得碰到金属物体和触电者的裸露身躯；也可戴绝缘手套或将手用干燥衣物等包起绝缘后解脱触电者；救护人员可站在绝缘垫或干木板上，绝缘状态下进行救护。为使触电者与导电体解脱，要用一只手进行。如电流通过触电者入地，并且触电者紧握电线，设法用干木板塞到其身下与地面隔离，也可用干木把斧子或有绝缘柄的钳子等将电线剪断。剪断电线要分相，一根一根地剪断，并尽可能站在绝缘物体或干木板上。

5）救护触电伤员切除电源时，有时会同时使照明失电，应使用应急照明。新的照明应符合使用场所防火、防爆的要求。但不能因此延误切除电源和进行急救。

三、电气设备着火应急处置措施

1. 应急处置程序

1）电气设备着火发现的第一人应大声呼喊，以通知加气站当时在岗的所有员工。

2）站长、值班班长及时组织人员采取扑救措施。

3）当加气站自身力量控制不了事故时，应立即向当地公安消防部门报警，内容包括企业名称、详细位置、火灾爆炸事故的物质类型。

2. 现场应急处置措施

1）切断电源。使用二氧化碳灭火器实施灭火。

2）离总开关太远来不及切断电源时。站在木凳上用有绝缘柄的钢丝钳工具将远离燃烧处的电线剪断。切断电源后方可用常规的方法灭火。

3）在抢救人员和消防队员到达现场之前，现场负责人组织自救和灭火工作，同时做好现场的人员撤离。在烟雾弥漫中，用湿毛巾掩鼻，低头弯腰逃离火场；在有可能形成有毒或窒息性气体的火灾时，在做好自我保护前提下进行救火，以防救援灭火人员中毒。

4）进行自救灭火，疏导人员、抢救物资、抢救伤员等，救援行动中应注意自身安全，无能力自救时各组人员应尽快撤离火灾现场。

5）火情被扑灭后，做好现场保护工作，待有关部门对事故情况调查后，经同意，做好事故现场的清理工作。

四、设备故障应急处置措施

1. 应急处置程序

1）发现触电伤害的第一人应立即报告站长或值班班长，以通知加气站当时在岗的所有员工。

2）站长、值班班长及时组织人员采取现场急救措施。

3）当触电伤害严重时，应立即向急救中心报警，内容包括企业名称、详细位置、伤害类型及伤害程度。

2. 现场应急处置措施

（1）安全阀启跳处置措施

1）立即按下 ESD（紧急关断钮），切断电源，停止一切作业。

2）将故障设备进行放散降至微正压。

3）拆卸安全阀进行校验和修理。

4）如安全阀前有阀门，将设备降压至正常范围之内，关闭阀门后拆卸安全阀进行校验和修理。

（2）爆破片故障处置措施

1）立即按下 ESD（紧急关断钮），关闭阀门，切断电源，停止一切操作。

2）立即报告站长及值班班长，并拉警戒线，阻止无关人员进入。

3）报告公司及安全运营部。

4）在确保人身安全的前提下，关闭气瓶支阀，关闭总阀。

5）当气瓶压力放散至零后，更换爆破片。

（3）卡套连接泄漏处置措施

1）立即按下 ESD（紧急关断钮），关闭压缩机，切断电源。

2）用肥皂水涂抹或嗅敏仪查找可疑位置，初步检查具体漏气部位。

3）使用嗅敏仪检测泄漏点的燃气浓度。

4）将泄漏设备放散到微正压。

5）拆卸进行检查及处理。

（4）加气中密封圈爆圈处置措施

1）立即按下 ESD（紧急关断钮），停止作业。

2）迅速关闭加气机开关阀门，切断气源。

3）开启加气枪放散阀，卸放加气管内余压。

4）关闭加汽车辆气瓶阀门。

5）如产生火苗，使用灭火器对准着火点将火苗扑灭。

6）更换密封圈。

（5）加气枪阀门漏气处置措施

1）立即按下 ESD（紧急关断钮），停止作业。

2）关闭加气机进气阀门，关闭加气车辆阀门。

3）直接排空加气枪内余气。

4）拆开枪阀门进行维修。

（6）加气机充气管冲掉、爆管处置措施

1）立即按下最近处 ESD（紧急关断钮），停止作业。

2）关闭加气机阀门，及时切断气源。

3）关闭加气机电源断路开关，切断电源。

4）关闭加气车辆进气阀门，并取出加气枪（加气过程发生充气管冲掉、爆管）。

5）疏散人员和车辆，禁止使用手机，禁止一切明火、汽车打火启动。

6）如产生火苗，使用灭火器对准着火点将火苗扑灭。

7）维修充气管。

（7）加气机电磁阀关不严处置措施

1）关闭加气机阀门，切断气源。

2）关闭加气枪阀门。

3）关闭加气车辆进气阀门。

4）疏散人员和车辆。

5）先了解电磁阀是否存在冰堵，方法是用开水加热电磁阀阀体（注意不要让电磁阀线圈沾水），确认电磁阀关闭，则问题解决。

6）如上述措施不奏效，则判断为电磁阀损坏或进入灰尘。打开电磁阀，如发现损坏，则对其进行维修；如进入灰尘，则采取直接排空措施，对电磁阀反复吹扫，直到问题解决。

（8）加气车辆拉断阀门处置措施

1）立即按下最近处ESD（紧急关断钮），停止作业。

2）立即关闭加气机阀门，切断气源。

3）关闭加气机电源断路开关，切断电源。

4）关闭加气车辆进气阀门，并取出加气枪。

5）打开排污阀排空残余气体。

6）如产生火苗，使用灭火器对准着火点将火苗扑灭。

7）及时维修拉断阀。

（9）加气车辆拉断加气软管处置措施

1）迅速按下ESD（紧急关断钮），立即关闭电源断路开关，切断电源。

2）关闭加气机上的加气阀门和车辆总阀门。

3）立即取下加气枪，摘下连接地线，指挥加气车辆驶离加气站。

4）关闭故障加气机进气阀门。

5）及时报告站长及值班班长，使用嗅敏仪检测燃气浓度。

6）如产生火苗，使用灭火器对准着火点将火苗扑灭。

7）及时更换加气软管。

（10）倒车撞断加气装置处置措施

1）迅速按下ESD（紧急关断钮），立即关闭电源断路开关，切断电源。

2）关闭加气柱上的加气阀门和进气阀门，停止加气并放散。

3）指挥加气车辆驶离加气站。

4）及时报告站长及值班班长，使用嗅敏仪检测燃气浓度。

5）如产生火苗，使用灭火器对准着火点将火苗扑灭。

6）及时恢复加气装置。

（11）紧急关断装置失灵处置措施

1）迅速关闭电源断路开关，切断电源。

2）手动切断加气阀门（售气机和加气柱）和进气阀门。

3）报告站长及值班班长，联系维修人员进行维修。

五、自然灾害应急处置措施

1. 应急处置程序

1）发现的第一人应大声呼喊，以告知周边人员离开现场，避免造成周边人员伤害，并及时向站长及值班班长报告。

2）站长、值班班长及时组织人员采取应急处置措施。

3）当自身力量控制不了时，应立即向当地公安消防部门报警，请求救援。内容包括企业名称、详细位置、事故类型等。

2. 现场应急处置措施

（1）压缩机撬块遭遇自然破坏处置措施

1）当压缩机撬块区域遭遇自然灾害破坏，发现人员应立即按下就近处的紧急按钮，停止加气作业，并向站长及值班班长报告。

2）值班人员立即切断站内电源，关闭压缩机撬外和优先关闭控制盘相连的所有阀门、储气瓶组的所有阀门，并控制撬内回收罐阀门以保持压缩机系统内燃气压力为正压。

3）立即用电话通知安全运营部，在事故现场周围设置警示标识，尽量降低灾情损失。

4）待抢修抢险人员到达现场后，协助救灾抢险。

5）严格按安全操作规程进行抢险作业。

6）如遇灾情无法控制，且危及现场人员生命时，现场人员应严格按照现场指挥人员的指令，撤离到安全地点待命。

（2）干燥器、储气瓶组、进站管线遭遇自然灾害破坏处置措施

1）当干燥器、储气瓶组、进站管线区域遭遇自然灾害破坏时，发现人员应立即按下就近处的紧急按钮，停止加气作业，并报告站长及值班班长。

2）值班人员立即切断站内电源，关闭储气瓶组所有阀门、干燥器通往压缩机的出气阀门，控制进站总阀门以保系统内的燃气压力为正压。

3）立即用电话通知安全运营部，在事故现场周围设置警示标识，尽量降低灾情损失。

4）待抢险人员到达现场后，协助救灾抢险。

5）严格按安全操作规程进行抢险作业。

6）如遇灾情无法控制，且危及现场人员生命时，现场人员应严格按照现场指挥人员的指令，撤离到安全地点待命。

（3）加气机遭遇自然灾害破坏处置措施

1）当加气机区域遭遇自然灾害破坏时，发现人员应立即按下就近处的紧急按钮，停止加气作业，关闭加气阀门，取下加气枪，并报告站长及值班班长。

2）指挥在站加气的车辆按顺序离开加气站。

3）立即切断站内电源。

4）立即用电话通知安全运营部，在事故现场周围设置警示标识，尽量降低灾情损失。

5）待抢修抢险人员到达现场后，协助救灾抢险。

6）严格按安全操作规程进行抢修作业。

7）如遇灾情无法控制，且危及现场人员生命时，现场人员应严格按照现场指挥人员的指令，撤离到安全地点待命。

（4）空气压缩机、主控室、站内配电室遭遇自然灾害破坏处置措施

1）当空气压缩机、主控室、站内配电室遭遇自然灾害破坏时，发现

人员应立即按下就近处的紧急按钮，停止作业并报告站长及值班班长。

2）立即切断站内配电室设备开关。

3）遭遇暴风雨洪涝灾害时，立即用污水泵将低洼处积水排泄到管网的排水沟内或其他可以排泄的水渠。

4）立即用电话通知安全运营部，并在事故现场周围设置警示标识，尽量降低灾情损失。

5）待抢修抢险人员到达现场后，协助救灾抢险。

6）严格按安全操作规程进行抢修作业。

7）如遇灾情无法控制，且危及现场人员生命时，现场人员应严格按照现场指挥人员的指令，撤离到安全地点待命。

（5）加气站发生洪涝处置措施

1）当加气站发生汛情时，发现人员应立即报告站长及值班班长，并用沙袋阻止洪水灌入控制室。

2）如洪水进入控制室，如有必要，立即切断站内配电设备控制开关。

3）立即用污水泵将低洼处积水排泄到管网的排水沟内或其他可以排泄的水渠。

4）立即用电话向安全运营部报告求援。

5）待抢险人员到达现场后，协助救灾抢险。

6）严格按操作规程进行抢修作业。

7）如遇汛情无法控制且危及现场人员生命时，现场人员须严格按照现场指挥部的指令撤离到安全地点待命。

（6）加气站突发地震应急处置措施

1）地震一旦发生，要保持头脑清醒、冷静，立即关闭电源。躲避在墙角处，转移到承重墙较多的地方。不要靠近水泥预制板墙。

2）将门打开，确保出口，避免地震的晃动造成门窗错位，打不开门。

3）如地震发生时正在行走，要躲避建筑物、高压线（杆）等易伤人的东西以防其落下，迅速跑向比较开阔的地区躲避。

4）地震可能使加气站生产设备及加气设备出现故障，致使燃气泄漏，人员首先要弄清风向，朝逆风处避难，并立即切断电源和消除火种。避难场所尽量选在高处，用湿毛巾或手帕捂住口、鼻。

5）关闭加气站生产设备及加气设备阀门，关闭运转设备。现场随时监视险情，及时处理可能发生的意外事件，防止次生灾害的发生。

地震时，如在室内应迅速使用保护物抱住头顶向屋外开阔地奔跑；如无出口应迅速抱头、闭眼，在办公桌下躲避；身体遭到地震伤害时，应设法清除压在身上的物体，尽可能用湿毛巾等捂住口鼻防尘、防烟；用石块或铁器等敲击物体与外界联系，不要大声呼救，注意保存体力；设法用砖石等支撑上方不稳的重物，保护自己的生存空间。

参考文献

［1］严铭卿. 燃气工程设计手册（第二版）［M］. 北京：中国建筑工业出版社，2019.

［2］段常贵. 燃气输配（第五版）［M］. 北京：中国建筑工业出版社，2015.

［3］郭建新. 压缩天然气（CNG）应用与安全［M］. 北京：中国石化出版社，2015.

［4］朱军. 压缩天然气场站运行工［M］. 北京：中国建筑工业出版社，2017.

［5］杨霞霞，牛超，李俊平. 压缩天然气场站工［M］. 郑州：黄河水利出版社，2018.

［6］郁永章. 天然气汽车加气站设备与运行［M］. 北京：中国石化出版社，2010.